調和の処方箋

介護・人間関係の問題を解決するコミュニケーション

ショウ・アオヤギ
Sho Aoyagi

みらい
PUBLISHING

"Harmony is the most important value in Japan. But harmonious relationships can be difficult to establish or maintain at times. This clearly written book can help in those instances of interpersonal conflict when harmony has been damaged because the people involved are unable to deal with the emotions underlying the conflict. To reach an understanding and gain harmony, people can use the ideas presented in this book.

I recommend it for a more harmonious life."

調和（ハーモニー）は、日本ではもっとも重要な価値とされています。しかし、調和のとれた人間関係を築きそれを維持していくのは、時として大変難しいものです。調和は、人がほかの人との対立（コンフリクト）の底に潜む感情をうまくコントロールできないときに損なわれますが、本書はそのようなときに大いに役立つはずです。人がお互いに理解し合い調和していくために、本書に示されている考え方を活用することができるでしょう。

より一層調和のとれた人生のために、すべての方に本書をおすすめします。

Anne J. Davis

アン J. デーヴィス

登録看護師、博士

カリフォルニア大学（サンフランシスコ校）名誉教授

長野県看護大学 名誉教授

はじめに

監修　田中真木

私の勤務する長野県看護大学では、２００３年度から本学教員や大学院生がサンフランシスコを訪問し、現地の大学や病院の視察研修を行っています。この視察研修の源となった本学名誉教授であるAnne J. Davis先生（以下、Anne先生）宅への訪問は、この視察の最終日に組み込まれ、最近の本学の様子を先生へ報告するのが常となっていました。

私は、初回の研修では大学院生として参加していましたが、その後の視察研修においては現地調整役を務めています。そして、Anne先生の紹介でこの本の原著者であるSho Aoyagi氏と出会ったのは、２０１８年度の訪問時でした。「私のフィジカルトレーナーなのよ」とAnne先生から聞いていたので、トレーニングジムにいるような軽装の方を想像していましたが、Shoさんは、ダークカラーのジャケットを着て落ち着いた印象の方でした。

笑顔で「はじめまして」と日本語で話しかけてくださり、私たちはすぐに打ち解けました。日本語と英語交じりの会話のなかで、Sho さんは日系人であること、コンフリクトマネージメントに関わっていたこと、写真が趣味で日本を毎年訪問していることを教えてくれました。

私たちが初めてサンフランシスコで出会ってから8カ月後のこと。Sho さんは本学を訪問し、教員や学生との交流会にて、今回の原著の内容を講演してくださいました。そこで、私は原著が日本語版として出版されるプロジェクトが進行中であることを知りました。その後、Anne 先生からそのプロジェクトに私も関わるよう推薦をいただき、この本の監修をすることになりました。

現在、私は長野県看護大学に勤務しながら、大学院博士後期課程の学生として二足のわらじを履いています。仕事を持ちながら、自身の研究テーマを探求すべく大学院生として学び続けられるのも、夫や2人の子ども、義理の両親、職場の支えがあってのことだと感じています。これらの状況に感謝しなくてはと思う一方で、私も人間ゆえ、この状況の不調和からくる憤《いきどお》りや怒りで、血圧が上がりっぱなしだと日々気付かされ、普通にしているつもりでも、子どもから「お母さん、今怒っているの?」と心配される、そんな不甲斐《ふがい》ない毎日です。

また私の実父は若年性認知症を患い、11年になります。認知症の進行によってさまざまなことができなくなってゆく実父の様を間近に見てきました。ある日、可燃ごみの出し方が分からなくなり、父が放置したごみ袋をカラスが食い破り、ごみが散乱し周辺の道路を汚してしまいました。ご迷惑をかけた近所の方へ頭を下げて回った私は、介護のなかに在る家族の思いに否《いや》が応でも向き合わざるをえなくなりました。

このことをきっかけに、認知症の人と家族の会に入会し、同じような現状にある方がたくさんいらっしゃること、介護者と被介護者だけではなく、介護を基点としてその周りの家族・関係者に不調和をきたしていることを知りました。

また大学院で私の研究指導をしている先生がACP（アドバンス・ケア・プランニング）研究会を主宰しており、その研究会に参加し概念を学ぶ機会がありました。それを知った瞬間、今まで点で存在していたShoさんの原書、介護、ACP、これらが線となってつながりました。

本書では、介護を基点とする周辺の人々の不調和などの事例を複数紹介しながら、調和を取り戻すための方法を具体的に紹介します。

また本書には、その人がその人らしく、よりよく生きるにはどうすればよいか、ということが網羅的に紹介され、それぞれに展開される具体的な事例が示されています。その事例には、「個々の人を大切にした調和の在り方」が根底に流れており、読者を知らず知らずのうちに事例のなかに引き込み、主人公の目線に立たせてくれることでしょう。

まずは本書をお読みください。「このような事例は聞いたことがある」「この事例が私だったら？」「事例は違うけど、いつか何かに役立ちそうだな」と思うこともあるでしょう。ぜひ、気軽にページを開いて、書かれてある内容にご自身の思いを巡らせてみてください。

原書の執筆者であるSho Aoyagi氏、翻訳いただいた田中美恵子先生、木村みどり先生、濱田由紀先生、本書の企画者である安田豊様、編集者の三村真佑美様、本書の出版にあたり、私たちをつなげてくださったAnne J. Davis先生、この本に関わったすべての皆様に心より感謝申し上げます。

目次

第1章　日本の〝介護〟について　私たちが知るべきこと

第2章 家族間であっても「親しき仲にも礼儀あり」!相手を思いやって適切にコミュニケーションしよう

第3章　介護・看護の悩みを抱える人たちの10の事例

第4章　恋愛・仕事・家庭内の対立の解消

第1章

日本の〝介護〟について私たちが知るべきこと

私たちは必ず「老いる」。
だからこそ、今から将来に備えなくてはならない

I never think of the future. It comes soon enough.
私は将来のことなど考えない。すぐに来てしまうものだから。
―アルバート・アインシュタイン―
(Webサイト「Quote Investigator」より引用)

高名な物理学者の言うように、将来のことを考えなくとも生きられるのなら、どんなに楽でしょうか。アインシュタインのこの言葉の本当の意図は不明ですが、この言葉には老いは誰にでも来るものである、という前提が潜んでいます。このように、人は生きている限り、老いる存在だといえます。自身の老いについて、考えたこともない、という人はいるでしょうか。また、家族や友人、近しい人の老いに直面し、自身の老いを間接的に考える場合もあるでしょう。

自然や神仏や他者から、美しさや喜び・勇気や力などを感じ取ることができる限り、その人は若いのだ。
―サミュエル・ウルマン『青春』―
（宇野収、作山宗久著『「青春」という名の詩―幻の詩人サムエル・ウルマン』産能大出版部1986年より引用）

このように、心の若さはいつまでも保つことができます。しかしながら、身体的な若さは、保つことが難しいですね。身体的な老いは私たちが生きている限り、すぐそばに存在する運命のようなものであると考えます。この世に生を受けたその瞬間は成長や発達と呼ばれますが、ある一定の年齢に達すると老いとなります。

また、人は社会で生きる存在であり、身体が老いてゆく過程は人それぞれです。人生をともにする家族もまた老いる存在であり、社会の最小単位のなかで家族はその家族の老いのストーリーを展開させてゆきます。

以下、3つのストーリーからこの章を始めましょう。

本当にあった！
ある日突然、介護をせねばならなくなった人たち

①突然の脳出血の末、母が人工呼吸器を手放せなくなったAさん

Aさん（55歳）は子育ても一段落し、同い年の夫とともに平日は会社員、土日は夫婦で自家用車を運転し、近隣の山へトレッキングに行くのを楽しみにしていました。その週も、自宅から近い山に登り、下山後に温泉施設で汗を流していました。

Aさんの携帯が鳴ったのは、まだ入浴中の夫を温泉施設のロビーで待っているときでした。相手は、Aさんの隣町に住む母の隣人でした。

「お母さんが昼頃から具合が悪くて、病院に連れて行こうとしたの。行く途中でタクシーのなかで眠ったようになってしまって、揺さぶっても起きないの。すぐ救急外来に連れて行かれて、今病院にいるの。Aちゃん、すぐ来て」

Aさんの父はすでに亡くなっており、Aさんの母は隣町で一人暮らしをしていました。昨日もAさんと電話で会話していたのです。

Aさんは訳が分からないまま、夫と病院に行くと、そこには人工呼吸器につながれた母

がベッドに横たわっていました。顔は青白く、Aさんが思わず触れた母の手は氷のようでした。

医師からの説明によると、突然の脳出血で、出血した部位が悪く、自力で呼吸できない状態になってしまった、ということでした。人工呼吸器でなんとか呼吸を促《うなが》していますが、状態としてはかなり重症という見解でした。手術をしても回復は困難だと言われ、Aさんは夫に支えてもらいながら立っているのがやっとだというくらい混乱していました。

②パーキンソン病の妻の病状が悪化。長生きを願うも将来を悲観するBさん

Bさん（70歳）の妻（75歳）は10年前よりパーキンソン病を患っており、身の回りのことを自身で行うことができません。介護施設で過ごしていましたが、最近食事にむせるようになり、肺炎を起こし近隣の病院へ入院しました。

医師からは、「自力で食事を取ることが難しくなっている。肺炎が落ち着いたら、胃管からの栄養補給、将来は胃ろう（注：胃から直接栄養を摂取するのに用いる医療機器）をつくることも考えておいてください」と言われました。

Bさんは、この病気の行く末を全く予想していなかったわけではありませんでした。いつも、心のどこかで妻の将来は予想していました。病で動くのが日々つらくなる妻を

見てきたのはBさんです。妻に長生きをしてほしいという思いではありながら、きれいごとなのかもしれないという気持ちもあり、「ついに来たか……」という感情が沸き上がっています。

③遠方で二人暮らしの両親の高齢化が心配で、心を痛めているCさん

Cさん（53歳）の80代の両親は、遠方で二人暮らしをしています。両親の居住地域は過疎化が進み、買い物をするにも、病院へ通うのも、タクシーを利用しなくてはいけません。最近、両親の体力的な衰えや、認知機能の低下が目に見えてきており、二人で暮らすことが難しくなっている、とCさんは思いました。

母は昨年、アルツハイマー型認知症と診断され、また父は2年前脳梗塞《のうこうそく》を起こし、左半身が不自由となりました。二人とも白内障が進み、帰省するたびに、Cさんは家の汚れが気になっていました。先週、帰省した際は床に物が散乱し、つまずいたり転んだりして骨折してしまうのではないかとも思いました。そうはいっても、今すぐ実家へ帰り、Cさんが両親の面倒を見ることは、今の生活や仕事を考えると難しい選択でした。

周りで介護施設に入った人の話も聞きましたが、果たしてどのような選択が両親にとってよいことなのだろうか？　その結論を早急に出すべきであることが、今回の帰省で感じ

られました。

このような話は、決して非日常的なことではなく、読者の皆さんのなかにはすでに渦中にいる方もいることと推察します。前述の事例よりも困難な状況にある方もいるでしょうし、近しい人が同じような状況にある、という方もいると思います。

「老い」がすぐ傍らに存在するならば、我々が生きている限り、このような状況は避けられないでしょう。

また、日本という国は家父長制度（注：父系の家族制度。家長に強い権力が集中し、家族員を支配・統率する家族形態）や、長男がその家を継いでゆくこと、女性は結婚して家を出ること、内孫や外孫という考えなど、元来の家族意識が諸外国とは明らかに異なる部分があります。

この現代において、そのような考えは過去の価値観としてとらえられます。しかし、過去の価値観はまだまだ現在に根付いています。人の価値観は、成育歴や生まれ育った社会から構築されるものであり、その価値観を変えることは難しいことです。よって、日本の社会で生きている限り、私たちは過去の価値観を今も潜在的に受け継いでいるといえるでしょう。

日本で介護されている人はいったい何人？

現在の日本において、介護を受けている人はどのくらいいるでしょうか。

厚生労働省によると、要介護（要支援）認定者数は、約678・2万人（令和2年10月末時点）。平成12〜平成29年の18年間で約2・9倍にまで増えている、という結果があります。**この数字が示すことは、日本が高齢社会である限り、要介護者人口は増え続けるということです。**

要介護者がいるということは、その人たちを介護する人も存在します。

厚生労働省は、平成30年5月21日第7期介護保険事業計画の介護サービス見込み量等に基づき、**「2025年度末に必要な介護人材数は約245万人となり、2016年度の約190万人に加え約55万人、年間6万人程度の介護人材を確保する必要があると推計される」**と算出しました。約55万人といえば、鳥取県の人口に匹敵するぐらいの人数です。一つの県の人間が、全員介護をしなくてはならないほど、現在の日本の介護問題は喫緊の課題となっています。

今後、介護の担い手不足は少子化の影響もあり、早急に解決すべき課題です。これらの数字は、「人材が足りない」だけでなく、**社会のより多くの人が今以上に何らかの介護に迫られる可能性が増えるであろうことも示しています。**

要介護者の状況により、家庭や病院、介護施設等、介護が行われる場はさまざまです。また、介護をする人も家族や医療者、ヘルパーやケアマネージャー、それ以外にも実に色々な人が関わります。

介護と一概にいっても、その現象に関わる人々は介護される側だけではなく、介護する側もいて、実に多種多様なのです。

日本の介護現場が抱えている3つの問題

しかし、介護は「病人などを介抱し看護すること。（大辞泉より）」とあるように、介抱したり看護したりするなかで、非常に多くの問題をはらんでいます。なかでも、今日よく話題に上るのが左記の3つです。

① 高齢者虐待

悲しいことに、現代では介護を通じて、高齢者を虐待する痛ましい事件が起きています。高齢者施設の職員が抵抗できない要介護者に暴行を加えたり、また在宅介護を行っていた家族が介護を苦にして、要介護者の命を奪ってしまうなどの凄惨《せいさん》な犯罪も発生しています。

厚生労働省によると、平成26年の養護者（家族等）による虐待の相談・通報件数は2万5791件。そのなかで、実際に虐待と判断された件数は1万5739件、うち25件では要介護者が虐待によって亡くなっていました。

一番の発生要因が、虐待者の介護疲れ・介護ストレス（23・4％）。次に、虐待者の障害・疾病《しっぺい》（22・2％）と続きます。

介護のもつ特性として、「終わりが見えにくい」「特に在宅介護の場合、家族の心身の負担が大きくかかりやすい」「経済的な負担が発生する」などがあります。いつまで続くか分からない現状に、経済的にも精神的・肉体的にも疲弊しきってしまい、このような悲しい事件が起きてしまうことは想像に難くありません。

また要介護者のなかでも、認知症の人が虐待を受ける割合が最も高いようです。このように介護の原因となる病気の症状によっても、虐待や介護放棄の度合いは異なってきます。

② 老老介護、認認介護

また、老老介護という、介護をする人も、される人も高齢者というケースが多くなっています。令和元年に厚生労働省が行った国民生活基礎調査によると、在宅介護している世帯の半数以上に当たる59・7%が老老介護の状態にあるという結果が出ました。

老老介護は、65歳以上の人を同じく65歳以上の人が介護している状態のことで、高齢の夫が高齢の妻を介護するパターンから、65歳以上の子どもが、高齢の両親を介護するなどのパターンもあります。

また認認介護という、老老介護のなかでも認知症の人を、認知症の人が介護しているケースもあります。これが在宅内で行われた場合、何らかの重大な事故につながりやすい危険な介護状態です。介護が必要な状態の人には、認知症の人が含まれますので、老老介護がいずれ認認介護になる、というパターンも想像に難くありません。

認知症の有病率は現在、上昇傾向にあります。平成24年は高齢者の約7人に1人の割合でしたが、令和7年には約5人に1人が認知症になるのではないか、という推計もあります［平成29年版高齢社会白書（概要版）より］。このまま認知症患者の数が増加し続けていけば、認認介護の件数もおのずと増加するはずです。そして自分たちがその当事者になる可能性も決して低いわけではありません。

③ 介護離職

日本の介護現場において、要介護者だけでなく、介護者が苦境に陥《おちい》るケースも多数存在します。本当は働きたかったり、結婚や子育てなど自分のやりたいことをしたいのに、両親や祖父母、兄弟などの介護に追われて、それらのことができないという問題も発生しています。

近年は、18歳未満でありながら日々介護に追われる〝ヤングケアラー〟が報道される機会も増えてきました。彼ら彼女らは、幼少時から家族の介護に追われ、学校生活を十分に楽しめなかったり、受験勉強のための時間を確保できなかったりするなどの問題を抱えています。

同じように、大人になっても介護のために自分のための時間をもてなかったり、働けなかったりする人は大勢います。平成22年までは5万人を超えることはなかった介護離職者数は、平成29年には約9万人と2倍近くにまで増えています（内閣府第7回保育・雇用ワーキンググループ議事次第、株式会社大和総研提出資料より）。

右記の資料によると、特に40～50代の働き盛りで介護に追われるケースが多いようです。40～50代というと、まだ子どもも学校に通っているなどお金のかかる時期。それ以外にも自分の楽しみや趣味などのために時間やお金を使いたいと考えている人もいるでしょう。仕事においても、管理職など重要な職責を任されている人も多いはずです。このような状況下で、家族などの介護のために仕事を辞めなくてはならないというのは、家庭のみならず、日本社会にとっても大きな損失です。

またこの資料では、介護を理由に仕事を辞めるケースは女性のほうが男性の約1・5倍と圧倒的に多く、女性に介護の負担や離職を求める価値観が社会に潜在していることがうかがえます。

これらは女性活躍の推進を阻《はば》む要因にもなっているはずです。今後、高齢化に伴い、ますます要介護者が増えることが想定されます。悲惨な事件を防ぐためにも、家族や女性だけでなく、社会全体で要介護者・介護者ともに支援し続ける仕組みづくりが欠かせません。

介護現場の問題解決のため、今私たちがすべきこと

日本には介護におけるさまざまな問題があることを認識していただけたと思います。なかには、将来訪れるであろう介護者または要介護者としての未来に対して、今から備

えておいたほうがいいのではないか、と感じている人もいるのではないでしょうか。

しかし、明日訪れるかもしれない介護に備えて、資格などを取得しようと考える人は少ないと思われます。特に先述の通り、両親などの介護に追われやすい40～50代は仕事にプライベートに子育てにと多忙な世代です。人生を謳歌《おうか》するのに忙しく、未来の介護に対して今から腰を上げるというのもなかなか難しいのではないでしょうか。

そのような方々にも、今から簡単にできて、そして将来の介護に対する不安や負担を軽減できるであろう、政府が奨励している対策があります。**それがアドバンス・ケア・プランニング（ACP）。愛称を、「人生会議」といいます。**

人生会議という言葉なら、聞いたことがある方も多いかもしれません。令和元年、某芸能人を起用したポスターが一部の患者団体などから「患者やその家族の気持ちに配慮していない」という理由で俎上《そじょう》にのり、お蔵入りになってしまいました。ポスターは話題になりましたが、残念ながら本質的な内容がクローズアップされたとはいえません。そのため、本当の意図が社会に広がったかというと、そうではないと思います。

改めて、人生会議こと、ACPについて説明します。ACPとは、事前に家族やパートナー、近しい人と介護や終末期について話し合うこと。東京都医師会のホームページでは、左記のように書かれています。

アドバンス・ケア・プランニング（ＡＣＰ）とは、将来の変化に備え、将来の医療及びケアについて、患者さんを主体に、そのご家族や近しい人、医療・ケアチームが、繰り返し話し合いを行い、患者さんの意思決定を支援するプロセスのことです。患者さんの人生観や価値観、希望に沿った、将来の医療及びケアを具体化することを目標にしています。

この記述を読んで、「縁起でもない」と考える人もいると思います。その通りだと思いますし、「今からそんなことを考えるなんて……」と多くの人が考えるのも納得できます。しかしながら、**ＡＣＰは多くの可能性を秘めたものです。そして、それは私たちがよりよく生きるための可能性です。**

よりよく生きるというのは、自分の人生をどのように考えるか、その価値を探ることにあります。そのなかには「よい死」も含まれるはずです。それを「今」から明確にし、将来必ず訪れるであろう「その時」に備えることは決して「縁起の悪い」ことではないと思います。

ＡＣＰは、人生の価値を考えることにあり、**最終決定を下すことが目的ではありません。「『今』のあなたが『その時』をどのように考えるのか」が大事であり、何度も考えてもらっ**

てかまいません。また、結論もその都度変わってもいいのです。

肩に力を入れる必要はなく、よい死について考え、そのために今から何ができるのか、簡単なところから始めることができれば十分です。そこから終活をしたり、エンディングノートを作り始める、という人もいます。方法はさまざまですが、**まずは頭に思い描いたり、身近な人と話し合ったりすることがACPの第一歩です**。

ACPにおける3つのポイント

ACPについて考える、身近な人と話し合うといわれても、何について考えたり話し合ったりすればいいか分からないという人もいると思います。そのような方々のために、ACPを考えるにあたって重要な3つのポイントをお伝えします。すべてのポイントについて考えなくても問題ありません。まずは考える際の参考にしてください。

①　終末期について考える

〝終末期〟とは字を見て分かるように、人生の幕引きのこと。最期の瞬間をどのように過ごしたいか、ぜひできれば家族など身近な人と一緒に考えてみてください。

おそらく誰もが苦痛なく、安らかに最期のときを迎えたいと願うのではないでしょうか。

しかしながら、すべての人が眠るように静かな幕引きに簡単にたどり着けるわけではありません。そこに至るまでに、何らかの医療介入が必要となった場合、どの程度まで行ってほしいか。先のAさんの母の事例のように医療機器で呼吸を行ってゆくのか、鼻から胃管というチューブを入れて、むせないよう栄養を注入するのか、または胃ろうでお腹のチューブから栄養を摂るのか、または何もしないのか、さまざまな在り方が考えられます。

ここで早合点しがちなのは、1か0かで考えてしまう人が多い、ということです。延命処置やそれにつながる何かをするかしないかだけが、答えではありません。

医療は日々進化し、病気も複雑化している昨今、1か0かという決定方法はふさわしくありません。どちらかというと、目標があり、その目標に向かってこれは0・1、こちらは0・5、というように一長一短を上手く使い、目標に近づけてゆく、そのような考え方が現代の医療にはふさわしいと感じます。

延命治療の場合、生きるか死ぬかだけでなく、その人の考える「よい死」に近づけるために、薬をこの程度、水分や栄養補給はこの程度、痛みはできるだけ少なくしてほしい、といった具合に、カスタマイズするような思考方法に変えると、終末期の在り方も多様化できると思います。

また、モルヒネなどの痛み止めを多用することは身体には良くないのではないか、という意見もあるでしょう。しかし、痛み止めもその作用機序、薬効、副作用はさまざまです。その人に合った薬が、然るべきタイミングで使用されることがよいのではないでしょうか。

② 病院や介護施設について考える

皆さんは「よい死」をどこで迎えたいでしょうか？　どのように迎えるか、ということと並行して、**どこで迎えるかは、「よい死」を考える際に大切な要件です。**「畳の上で死にたい」というのはよく聞く言葉ですが、実現できた人はどの程度いるでしょうか。「腹上死（性交死）できたら本望だ」という人もいますが、タイミングや人員、場所、場合によっては警察が介入する可能性もあり、なかなか一筋縄ではいかない願いだな、と思います。

腹上死はさておき、どの場所で「よい死」を迎えたいかは人によって異なります。また、その願いが必ず叶うという可能性も、周囲の援助がないとできないこともあります。だからこそ、可能な限り、選択肢を考えておくことをおすすめします。

病院や自宅、施設、そのときの状況になってみないと分からないことはありますが、状況が許す限り、ご自身の願いを叶えられるようなものであってほしいと思います。

ただ、どのように死を迎えるか考えるにあたって、徐々に優先度が下がってくるのが場所の特徴です。よって場所と併せて、誰にいてほしいのか、医療者なのか介護者なのか、家族なのか、誰なのか、ということも考えられると良いと思います。

③ 終活について考える

最近は、〝終活〟という言葉がメディアに頻出します。

お寺や冠婚葬祭施設でも終活の相談会が開かれていたり、エンディングノートが書店に並んだりすることも増えました。渦中にある人は目に留めますが、そうではない人は見逃すことも多いと思います。この機会に、終活という言葉についてもっと気にかけてみるのもいいでしょう。

例えば、**「ご両親の介護に向き合うときや、近しい人からそのような話を聞いたときは、「自分の終活について考えるタイミングがきた」と思ってください。日常生活のあわただしさのなかで、つい自分の優先順位が低くなってしまうような場合はなおさらです。**

厚生労働省の令和元年簡易生命表によると、40歳の男性の生存率（注：男性10万人の出生に対して40歳時点での生存割合）は98・4％、女性は99・0％。この段階ではありがたいことに、日本ではほとんどの人が死とは無縁の生活を送ることができています。

しかし逆をいうと、100人に1〜1・6人の割合で〝万が一〟の事態が発生しているということです。もしかしたら、あなたが100人に1人の可能性に当たるかもしれません。そのとき後悔しないよう、今から「もし最期のときを迎えるとしたらどうすべきか」「何をどのように、誰に伝えておくべきか」などについて考えてみてもいいと思います。

例えば、以下のようなことについて考えてみてはいかがでしょうか。

・お金について（口座の暗証番号の保管方法や預貯金、生命保険など）
・仕事や生活について（家事の担当者や誰が働くかなど）
・相談者について（ケアマネージャーや介護士、医師、介護施設、病院などの連絡先を確かめるなど）
・家族（親族・親類、離婚している場合は前の配偶者やその子どもなど）について（必要な場合、連絡先を共有しておくなど）
・子どもの学校について
・配偶者がいなくなって自分一人になってしまったときのことについて……など

現在の生活が、いつまでも順調に変わりなく続く保証はどこにもありません。〝万が一〟の事態にあったときに混乱を少しでも減らせるよう、緊急時はどこの病院や誰に連絡すべきか、その後の生活はどのようにして営んでいくのか。何となくでもいいので、今から想像しておいたほうが、もしもの事態が発生したときにより落ち着いて行動することができるでしょう。

といっても「そんなこと急に言われても、分からない」という人もいると思います。そのような場合は、まずインターネットを使って、終活について情報収集をしてみてはいかがでしょうか。情報社会の現代だからこそ、ほかの人がどのように対処しているかを知ってみるだけでも参考になるはずです。

また「話し合いや考えることはちょっと……」という人は簡単な身辺整理、いわば整理整頓に手を付けるだけでもいいと思います。終活は何か大ごとのようなもの、と思われがちですが、今流行りのデジタル終活（SNSなどのパスワードやデータ等の整理）、写真や思い出の物の整理、書籍や趣味の物などの片づけなども、立派な終活の一つです。部屋もスッキリしますし、この機会に試してみるのもいいでしょう。

個人的には、独身者のほうが、若い頃から自身の将来について詳細に考えている印象があります。一人で誰にも迷惑をかけられないというプレッシャーが、そのような行動へと駆り立てやすいのかもしれません。

しかし、これは誰にでも必要なことです。それはこの本を手に取ったあなたも同じ。すでに考えるべきタイミングは訪れていると思います。

①〜③までのポイントはいかがでしたか？　難しいことではなく、「よりよく生きる」ためのポイントとして考えてもらえると幸いです。
私たちの未来は誰にも予測がつきません。新型コロナウイルス感染症（COVID-19）がこのような世界的影響を与えることを誰が予想できたでしょうか。

私たちの生活がある日突然、脅かされることは想像したくないかもしれませんが、予測できるはずです。その場合、できることから少しずつ備えておくことが大事です。

そのために、まず私たちがすべきことの一つが〝対話〟です。

日本人は元来自己主張の文化ではありません。そのため、「相手もこう思っているだろう」「言わなくとも分かるだろう」という感覚をもっています。

しかしながら、人の姿かたちが違うように、理想や希望も人それぞれ。だからこそ、「よりよく生きる」または「よい死を迎える」ためにも、日本人元来の感覚を傍らに置き、ぜひ対話をしてほしいのです。

ACPは決して暗いことでも、縁起が悪いことでもありません。自分や家族、身近な人にとって「よりよい生き方」を考えることを、まず自分にとって簡単なところからぜひ始めてみてください。

〝介護〟初心者向けの基礎知識を学ぼう！

40〜50代に差し掛かると、必ずしも介護問題に突き当たるといっても過言でないほど、日本の高齢化社会はその渦中にあります。なかには、もっと若い頃から向き合ってきた人もいるでしょう。「よりよく生きる」または「よい死を迎える」には、同時に〝介護〟という問題を含んでいる場合が多いです。

では、「よりよく生きる」、「よい死」を考えるうえで欠かせない介護について、皆さんはどれくらい知っていますか。漠然と「大変そうだなぁ……」とは感じているかもしれませんが、臭いモノにはふた、といった感覚で「今はまだ関係ないし」と先延ばしにしていませんか？

先述の通り、私たちの日常は、いつどのような病気や事故、災害などによって脅かされるか分かりません。

もしかしたら、明日、それどころか数時間後には、何かしらの出来事が原因で家族やあなた自身が介護されたり、または介護したりという立場に置かれるかもしれないのです。

介護は今や誰がいつ直面してもおかしくない問題といって差し支えありません。
だからこそ、今から最低限の知識でかまわないので、介護についてできることから学んでいきましょう。

(1) 介護の流れ

1 市区町村の窓口に相談する

まず自分の家族に「あれ、介護が必要かな……?」と感じたら、迷わず市区町村の窓口に相談しましょう。一言に介護といってもその種類はさまざま。寝たきりや認知症の状態でないと介護保険サービスは受けられないと思っているかもしれませんが、まだ元気な状態でも要支援と認定されたら、介護保険内で介護予防のための支援サービスなどを受けることができます。詳しくは後述しますが、そのため少しでも不安を感じたら迷わず窓口に相談することをおすすめします。

市区町村の高齢者福祉課や介護保険課などに相談すると、地域包括支援センターやケアマネージャーなどを紹介してもらえます。地域包括支援センターは介護や福祉、医療・保健などのプロフェッショナルが複数在籍しており、高齢者やその家族が地域で生活するうえで困ることがないよう色々と支援してくれます。

そしてそのなかでも、家族と最も近い存在の一つが、**ケアマネージャー**です。

ケアマネージャーは正式には〝介護支援専門員〟といい、要介護者やその家族がより良い暮らしができるよう、相談に乗り、適切な介護サービスの紹介や、行政や施設との調整役を果たしてくれます。

初めての介護で不安という人は、まずこのケアマネージャーに色々と相談してみるのがいいでしょう。ケアマネージャーはいわば、介護のプロフェッショナル。費用やどのようなサービス・施設を利用すべきか、コミュニケーションの方法、仕事や育児との両立など分からないことは何でも聞いてください。

介護のプロとして、助言をしてくれたり、必要なサービス・施設を紹介してくれたりするでしょう。

2 要介護認定の申請&調査

介護保険サービスを利用するには、要介護認定が必要です。

「要介護認定」とは、要介護者が現在、どのような状況であり、どの程度の介護度であるかを要支援1～2、要介護1～5の7段階で判定します（要支援、要介護の違い等については後述します）。その認定を行うため、ケアマネージャーは介護サービスの利用希望者やその家族の自宅などに行き、聞き取り調査を行います。これが認定調査です。

要介護認定の申請は基本、介護を受ける本人やその家族が行政の窓口で行いますが、何かしらの理由でそれが難しい場合は、ケアマネージャーが代行することもあります。申請にはお金はかかりませんので、気軽に行うことができます（ケアマネージャーへの支払いもすべて介護保険内のサービスであるため、自己負担は発生しません）。

申請を終えたら、ケアマネージャーは要介護者やその家族に対して聞き取り調査を行います。家族は要介護者の日常の様子を伝えるべく、あらかじめ気になる事項や問題点はメモしておくといいでしょう。

ケアマネージャーは認定調査票に基づいて、

・現在、要介護者が受けているサービス内容やその頻度
・利用している施設名、連絡先
・要介護者の身体機能について（麻痺などがあるか、関節が動くか、起き上がれるか、歩けるかなど）
・要介護者の生活状況について（食事を一人で取れるか、排せつができるか、衣類の着脱

ができるかなど）
・要介護者の認知機能について（意思の伝達ができるか、自分の名前や生年月日を伝えられるか、最近の記憶があるかなど）
などについて聞き取り調査を行っていきます（認定調査票は各都道府県等のホームページからダウンロードすることができます）。

聞き取り調査の結果と主治医（主治医がいない場合は、市区町村が指定する医師など）の意見書に基づいて、まずコンピューターが一次判定を行います。そして、さらに保健・福祉・医療の学識経験者が集まる介護認定審査会にて二次判定が下されます。

その結果、要介護者の要介護認定が行われ、それに伴い介護保険を使って受けられるサービス内容が決まります。

これらの内容を基に、ケアマネージャーは介護サービス計画（ケアプラン）を作成します。

◆要介護、要支援の違いとは

要介護、要支援という言葉は聞いたことがあると思います。要介護、または要支援の度合いによって、要介護者の受けられる介護サービスの内容は異なります。では、要介護と要支援はいったい何が違うのでしょうか。また同じ要介護であっても、1～5段階によってどう違ってくるのでしょうか。確認していきましょう。

① 要支援1

要支援は原則、基本的な日常の動作はすべて自分でできると考えられます。そのうえで、現状より事態が悪化しないよう、介護予防のための支援を介護保険を使って受けられるようになります。

例えば、食事や排せつなど日常的な動作はできても、一人で掃除をするのは難しいなど、部分的な介助が必要な場合などは、要支援1に認定されます。

◎利用できるサービス

週2〜3回のサービス（訪問介護、デイサービスなど）、住宅の介護リフォーム（手すりを付ける、床を滑りにくくするなど）といった基本的なサービスを受けられます。

現状を悪化させないよう、介護予防訪問リハビリテーションなど介護予防を目的とした各種サービスも利用可能です。

② 要支援2

要支援2も、基本的な日常動作は可能ですが、要支援1に比べると介助が必要なシーンが増えてきます。

例えば、食事や排せつなどは自分一人でできるものの、入浴時に背中が洗えなかったり、浴槽をまたぐ際に転倒する恐れなどがある場合は、要支援2となります。

◎利用できるサービス

週2〜4回のサービス（訪問介護、デイサービスなど）など、要支援1とほぼ同様のサービスをより多い回数利用できるようになります。

③要介護1

要介護となると、日常的な動作を自分自身で行うことが困難であると判断され、何かしらの介護が必要になります。

要介護1の場合、歩行はなんとかできても、衣服の着脱は一人でできないなどのケースが当てはまります。

◎利用できるサービス

要介護1以上になると、週5～6回各種サービスを受けられます。また多くの宿泊型サービスが使え、夜間の訪問介護などのサービスも利用できるようになります。自治体によっては、テープ式紙おむつやリハビリパンツなど大人用の紙おむつの支給なども行われています。

④ **要介護2**

立ち上がりや歩行ができず、日常のあらゆる場面にて介護が必要になります。例えば、排せつや入浴の一部またはすべてにおいて介護が求められるケースなどが当てはまります。

◎ **利用できるサービス**

週5～6回各種サービスを受けることができます。この段階になると、車いすや介護ベッドなどが必要になるケースも多く、これらの福祉用具も介護保険内でレンタルすることができます（一部、保険適用外のレンタル器具もあります）。

⑤ **要介護3**

介護なしでは、日常生活を送れない状態です。認知症などの症状も現れ、認知機能の障害に対しても何かしらの対応が迫られます。

◎利用できるサービス

要介護3になると、特別養護老人ホーム（特養）の利用が可能になります。特養は在宅での生活が困難と判断された高齢者が入居できる公的な介護施設です。特養に入居できれば、24時間いつでも介護サービスを受けられるため、家族などは安心できます。しかし地域によっては、空き室がない場合もあるので、事前に状況を把握しておきましょう。

⑥要介護4

介護のない状態では、すべての日常的な動作ができません。そのうえ、認知症などの症状も悪化し、意思の疎通がとれなかったり、人によっては暴力や徘徊などの行動を起こしたりもします。

◎利用できるサービス

この段階になると、もう家族での在宅介護はかなり難しい状況です。大半のケアマネージャーは施設への入居をすすめてきます。

また在宅介護の場合、要介護4から排便機能を有する自動排せつ処理装置のレンタルが介護保険の適用対象になります（要介護3までは排尿機能のみ）。

⑦ 要介護5

ほぼ寝たきりで、すべての日常的な動作に介護が必要。コミュニケーションも取れず、話しかけても応答がなかったり、言葉が理解できなかったりする状態です。

◎ 利用できるサービス

ほぼすべてのサービスを利用できますが、ケアハウス（軽費老人ホーム）など自立型の施設に入居していた人は、要介護5になると逆に退去を迫られます。

在宅介護も不可能ではありませんが、24時間付きっきりでの介護を求められます。訪問介護など利用できるサービスは積極的に使い、介護者のストレスや疲労がたまらないよう気をつけましょう。

要支援・要介護の認定の申請は1回しかできないわけではありません。初回は要支援2

だった人が、有効期限が切れて（要介護認定の有効期限は初回は6カ月、2回目以降は12カ月と厚生労働省で定められていますが、市区町村が必要と認めるケースに限り、3〜36カ月の間で変更が可能）、2回目の申請で要介護1になることもあります。認定結果に納得いかない場合は、都道府県ごとに設置されている介護保険審査会に不服申し立てをすることもできます。

このように〝介護〟と一口にいっても、要介護者の容態や介護保険内で受けられるサービスなどはさまざま。寝たきりや認知症など重度のケースから、現状は問題なくても、これ以上状態を悪化させないようサービスを受けられる要支援まで色々あることを理解しておきましょう。

3　ケアプランの作成

ケアマネージャーは認定区分を確認したら、ケアプランの作成に取りかかります。ケアプランとは介護サービスの利用者が受けるサービスの内容や方針、現在の課題や目標などを設定したうえで作る計画書のこと。ケアマネージャーのメインともいえる業務です。

ケアプランは、要介護者本人やその家族が作成することも可能です。しかし認定区分によって異なる利用可能な施設・サービス内容をすべて把握するのは難しいので、プロに作成を依頼することをおすすめします。

ケアプランを作成したらサービス事業者との契約を開始します。この橋渡し役を担うのもケアマネージャーの仕事です。

ケアプランの内容に同意したうえで、サービスを活用することで、要介護者もその家族も満足のいくサービスを受けられる可能性が高くなります。

またケアプランの内容は自由に変更できます。実際にサービスを受けてみて「合わなかった、不要だった」または「こういったサービスも受けたい」などの要望が出てきた場合は、ケアマネージャーに相談し、新たにケアプランを作成し直してもらいましょう。

介護の状態は日々変わっていきます。もちろん、いつまでも元気というのが理想ですが、ある日突然、ケガや病気に襲われ、昨日までできていたことが、急にできなくなることもあります。

そのようなときは随時ケアマネージャーに相談し、ケアプランの変更を要請しましょう。

4 介護サービス・施設の利用

ケアプランの作成が終わったら、実際に介護サービス・施設を利用します。

前述の通り、介護サービス・施設にはさまざまな種類があり、認定区分によって利用できるものが異なります。

介護サービスは、介護保険が適用されるため、利用者の負担は1～2割程度です（利用者の収入などによって変動します）。

ここでは、要介護者が利用できる代表的な介護サービス・施設を紹介します。

◆主な介護サービス

①身体介護

食事や入浴、排せつ、衣服の着脱など実際にサービス利用者に触れたうえで行うサービスです。これらの日常的動作ができない要介護者のために、ヘルパーがサポートしてくれます。

②生活援助

要介護者が身の回りのことを自分でできず、周囲に誰もサポートできる家族がいない場合のみ、調理や洗濯などの生活援助サービスを利用できます。ただし家事代行サービスとは異なるので、要介護者以外のための調理や、要介護者が利用していない部屋の掃除など生活に不要と見なされることはサポートできません。

③ 看護＆リハビリテーション

看護師など専門のスタッフが医療的ケアを施します。療養生活を送るうえで相談に乗ってくれたり、アドバイスをしてくれたり。ほかにも、歩行や嚥下《えんげ》（注：飲み込むこと）訓練などリハビリテーションも行ってくれます。

これらのサービスは介護施設内ではもちろん、在宅介護中でも訪問サービスとして利用することができます。

◆主な介護施設

① 特別養護老人ホーム（特養）

介護を必要としている高齢者を対象とした施設。社会福祉法人などが公的に運営しているため、民間の有料老人ホームに比べて安価な傾向にあります。

入居できるのは原則、要介護3～5の65歳以上の高齢者です（施設や要介護者の状況によっては要介護2以下でも入居できることがあります）。

入居者は入浴、食事、排せつなどの介助や、健康管理やリハビリテーション、療養上のケアなどを受けながら生活します。

②介護老人保健施設（老健）

高齢者の自立を促すことで、在宅復帰を目指す施設。リハビリや栄養管理、食事、入浴などのケアサービスを受けられるのは特養と同じですが、要介護者が自宅に戻れるようにすることを目的としています。

要介護認定を受けている65歳以上の高齢者であれば入所可能ですが、特養と異なり、終身での入所は認められていません。3〜6カ月程度が入所期間の目安で、それ以上の入所が必要かは施設側が判断します。

③養護老人ホーム

原則65歳以上の高齢者で、入院治療が不要で身体的・精神的な問題や経済的な理由などで自宅にて生活できない人が入所します。低所得者でも入所でき、さまざまな事情を抱えた人が集まってきます。市区町村に「入所が必要」と認められた人しか入所できません。

④ 軽費老人ホーム（ケアハウス）

自立した生活を送れるものの、家族の援助を受けられないなどで一人暮らしができない高齢者、または事情があって家族との同居が難しい高齢者が比較的低料金で入居できる施設です。

養護老人ホームと違って、市区町村の認可は必要なく、施設の条件を満たしている高齢者であれば誰でも入居できます。

⑤ 介護付き有料老人ホーム

介護を必要とする高齢者のための入居施設。24時間体制でスタッフが常駐しており、入浴や食事、掃除、洗濯、健康相談、リハビリなどの介護や看護サービスを提供してくれます。原則、要介護認定を受けている人が対象ですが、施設によっては要支援または要支援・要介護認定ともに受けていない人も入居できます。

サービス内容は充実しているものの、施設によっては高額なところもあります。

⑥ 住宅型有料老人ホーム

食事などの生活支援サービスを提供している高齢者向け施設。主に自立した高齢者を対象としており、介護が必要になったときは別途、外部の訪問介護や通所介護などの居宅介護サービスを契約します。ただし複数の介護サービスを利用しすぎると、介護保険の上限額を上回ってしまうので、注意が必要です。

⑦ 健康型有料老人ホーム

介護や介助を必要としない健康な高齢者を対象とした老人ホーム。入居者は介護が必要になったら、退去しなくてはなりません。

⑧ サービス付き高齢者住宅（サ高住）

高齢者向けの賃貸住宅。介護施設の利用契約ではなく、賃貸住宅の契約になります。外出制限などのルールも少なく、比較的自由度の高い生活を送れます。

入居者向けに介護や医療などの専門スタッフが常駐しており、24時間体制での見守りや安否確認、健康相談などのサービスを提供。今まで通り自立した生活を送りたいけれども、何かあったときなどすぐに連絡できる人がそばにいてほしい、といった人におすすめの施設です。

⑨ グループホーム

認知症の高齢者が5~9人ほどのグループを形成し、共同生活を送る施設。認知症患者がともに生活することで、症状の悪化を防いだり、進行を遅らせたりすることを目指しています。アットホームな雰囲気の施設が多く、慣れることで認知症患者も安心して暮らせるようになります。

⑩ 小規模多機能施設

小規模多機能施設の特徴は、通所(デイサービス)、訪問(ホームヘルプ)、宿泊(ショートステイ)の3つのサービスを定額制・回数無制限で提供していること。

在宅介護を受けている人が、日中にデイサービスに通ったり、定期的に専門スタッフが自宅を訪問してくれたり、同居者が長期に家を空けるときは宿泊施設に泊まれたりするなど、さまざまな介護サービスを複合的に利用できます。

一つの事業者が複数のサービスを提供することで、日頃デイサービスでお世話になっているスタッフが、ホームヘルプやショートステイのときも担当してくれるなど、安心して色々なサービスを利用できます。

主な介護サービス・施設を紹介しました。これらのサービスの費用や内容は事業者や利用者の要介護度などによって変わりますので、詳しくは各事業者のホームページ等をご参照ください。

⑵ 介護（フレイル）予防

種々の介護サービス・施設があることを紹介しました。

しかしできるだけ長い間これらの施設に世話になることなく、家族元気に長生きしてほしい、と願う人が一番多いのではないでしょうか。

昨今、政府は健康寿命（注：支援が必要ない、要介護状態ではない期間）の延伸を提唱しています。そのために、積極的な取り組みが推進されているのが介護（フレイル）予防です。

ここで、フレイルという言葉について解説します。

フレイルとは、日本老年医学会が平成26年から提唱しはじめた概念で、日本語では〝虚弱〟を意味しています。いうなれば、老化により身体的または認知的機能が低下し、健康と要介護の中間を表す状態。このフレイルになることを予防することで、要介護の状態になることを防ごうという取り組みです。

内閣府の資料によると、平成28年の日本人の男性の平均寿命は80・98歳、女性は87・14歳。対して健康寿命は男性72・14歳、女性74・79歳。男性は約8歳、女性にいたっては約13歳も低いのです。ここから、人生最後の10年近くは要介護状態で過ごしている人が多いといえます。

10年近くもの間、誰かの手を借りないと食事もできない、外出もできない、人によってはしゃべることや寝返りを打つこともできない。そんな生活が続いたり、またはそのような状態の人たちを介護したりするのはしんどそうだと感じる人は圧倒的多数だと思います。

そうならないためにも、私たちは介護はもちろん、その前段階の状態である〝フレイル〟から予防しなくてはならない、というのが新たな指針です。

「階段を上るのがつらい」「物忘れが激しくなった」「外出するのがおっくう」「最近、ちょっと痩せてきたかも」……。

そのような症状を「歳だから仕方がない」「みんな同じだから」などと言って、あきらめていませんか？

もうその時点で〝フレイル手前〟まできています。そこで何もせずただ老化していくのか、それとも〝フレイル予防〟に努めて症状の進行を遅らせたり、または改善したりするかで、人生後半のQＯＬ（Quality of Life：生活の質）が大きく変わってきます。

知らない単語を聞くと、「難しそう」「面倒くさそう」と感じる人もいるかもしれません。しかしフレイルは、自分の現状を適切に把握し、少し意識を変えるだけで簡単に予防できます。ぜひ一日でも長く健康寿命を延ばすためにも、さっそく介護（フレイル）予防に取り組んでいきましょう！

1 栄養を摂取する

フレイル予防にはバランスの良い食事が欠かせません。よくかんで食べることで、唾液の分泌量が増えて、口腔内での消化を促進し、胃腸の負担を和らげることができます。脳の活性化にも効果的です。

また、歯周病やかみ合わせが悪いなどの理由でよくかめないと、食事が楽しめず、必要な栄養素を摂取できなくなります。口のなかの健康にも気をつけましょう。

○摂取すべき栄養素

たんぱく質：筋肉や骨、血液などの材料となる栄養素。肉、魚、大豆製品、卵などに多く含まれます。
ビタミンC：体内の酸化を防ぐ効果があります。緑黄色野菜やレバーなどに豊富に含まれています。
ミネラル：ビタミンの働きを助ける作用があります。海藻や魚介類、納豆などに含まれています。

2 運動する

運動もフレイル予防において大切な要素です。少しずつでかまいませんので、継続して運動することを心がけましょう。

毎日の運動がつらい人は、姿勢を正して歩く、いすに座りながらの運動などでもかまいません。一人では続けられないという人は、サークルなどに参加してみるのもいいでしょう。

フレイル予防には、たくさん運動をするよりも、運動量は少なくても周囲とコミュニケーションを取りながら楽しんで体を動かすほうが効果的という調査結果もあります（厚生労働省「健康日本21」資料より）。

サルコペニア（注：加齢に伴い、筋肉量が減少すること）などを予防するためにも、定期的な運動習慣を身につけましょう。

3　社会参加を心がける

フレイル予防には趣味を楽しんだり、ボランティアに励んだり、仕事をしたりするなどの社会参加が欠かせません。一人で毎日を過ごす独居老人ほど認知症などの症状が出たとき、違和感に気づく人が周りにいないので症状が進行しやすいのです。

地域の会合や同窓会・OB／OG会、サークル活動など興味のあるものを見つけたら積極的に参加しましょう。それがフレイル予防にとって最も大切なことかもしれません。

ここまで、介護についての基礎知識をお伝えしました。日本にはどのような介護サービス・施設があり、介護やフレイルを予防するにはどのようなことをすればいいか、何となく想像できるようになったと思います。

ぜひこのタイミングで、先述のACP、家族やパートナー、近しい人たちと介護や終末期についての話し合いを行ってほしいと思います。もちろんACPを行うタイミングはいつでもかまいませんが、「あのときしておけばよかった……」と後悔しないよう、なるべく早い段階での話し合いを推奨します。

なかには、先述の通り「縁起が悪い」「そういわれても、家族も自分もまだまだ元気だし……」と感じる人もいるかもしれません。しかしその日常はある日突然、変わってしまうかもしれないのです。

またこれらの話し合いをする際、たとえ大切なことであっても〝伝え方〟や〝コミュニケーションの方法〟を誤ってしまうと、家族間の関係に思わぬ亀裂が入ってしまうこともあります。そうならないためにも、介護や終末期などセンシティブな話をするときには、適切なコミュニケーションを心がけましょう。

第2章では、家族間や家族以外の人間関係にも役立つコミュニケーション法、CPR for Relationships（人間関係のための救急蘇生法）について説明します。

《主要参考Webサイト》

第1章の介護・ACP部分については、

厚生労働省：介護・高齢者福祉ページ

東京都福祉保健局ホームページ

公益社団法人 東京都医師会等のホームページを参考に執筆しています。

第2章

家族間であっても「親しき仲にも礼儀あり」！相手を思いやって適切にコミュニケーションしよう

なぜ対立（コンフリクト）が発生するのか

皆さんが、ACPのような話し合いを避けようとする心理の奥底には「家族間での対立（コンフリクト）を生み出したくない」「関係性を悪化させたくない」という気持ちがあると思います。では、なぜコミュニケーションによる対立が発生するのか。そのメカニズムから解説しましょう。

「対立は、2つ以上のものの間に、現実の、あるいは認識上の違いが存在するときに生じる。それは緊張、不信感、コミュニケーション不足によって特徴づけられる。」と、ミッシェル・トンプソンの『アイオワ州の農業経営者／債権者のための仲裁マニュアル』には書かれています。

CPR for Relationships（人間関係のための救急蘇生法）はいたくシンプルです。CPRは、Conflict Prevention and Resolution（対立の予防と解決）の略語なのですが、CardioPulmonary Resuscitation（心肺蘇生法）ともかけています。これは問題の核心を突くものであり、あなたはそれにたどり着いたとき、**人の怒りの底にある痛みや悲しみ、**

恐れを見つけることになるでしょう。

怒っている、または心を閉ざしている人が深い感情を表現するとき、そしてそれらの感情をあなたが受け入れることができたとき、怒り狂っていた人も穏やかになりはじめます。そのとき、より相手と深くつながることができるための扉が開きはじめるのです。

反対に、相手のメンツをつぶしたり、対等に接したりしなければ、相手はますます意固地になり心を閉ざす可能性が出てきます。

あなたはなぜ怒りなどの感情を感じているのか。そのことを適切に伝えることによって、相手はあなたの状態をより深く理解することができます。そしてそれが、相手があなたに心を開くきっかけになるかもしれないのです。

私たちは自分が思っている以上に、自分自身の感情を適切に表現できていません。なぜなら自分自身の感情を素直に表すことは、時に冷笑を誘ったり、相手に拒絶されたりすることにつながるからです。そのような事柄を招かないためにも、私たちは自らの感情を抑え込み、思考を停止させ、相手に対して防衛的な態度を取ろうとします。

「幸せ」と「正しさ」のどちらが大事？

また、**多くの人は、「幸せ」よりも「正しさ」を追求する傾向にあります。人はかなり高い頻度で「自分の主張は正しい」といったことを証明しようとします。**その証明の最中に、自分にとっての重要な人間関係を傷つけていることにも気づかずに。

言い争いは、じきにルールなしの戦いとなります。相手を傷つけるためには、どのような物言いが効果的か。感情面での戦いを全面的に繰り広げるようになるのです。

お互い感情的になり、どちらか一方が境界線を踏み越えて、相手を傷つけるようなことを言ってしまうと、二人の関係に永遠に消えない傷跡を残すことがあります。しかし、そのことに気づき、あなた自身が相手を思いやる言動ができるようになると、今まで対立していたエネルギーが一転、協力関係に転じることだってあるのです。

相手に敬意を払った言動、相手を魅了する話し方、優しさや思いやり、共有できるビジョンなどを示すことで、まずは自分自身の憤怒の感情を落ち着かせ、相手にも同意を求めることで、お互いにとって利益となる関係性を結んでいきましょう。

ほとんどの人はこのような適切なコミュニケーションの方法を教わっていないため、つい感情のおもむくまま行動し、対立をエスカレートさせたり、対立が生じることが嫌で、自分自身の感情を抑え込んだりする傾向にあります。

しかし家族間に限らず、相手と良好な関係性を築きたいのであれば、このようなスキルを学ぶことは欠かせません。**これらのスキルを身につけることで、対立を減らし、関係を改善し、互いにつながる感覚をもてるようになります。**

私たちは、相手に拒否されたり、仲間外れにされたり、大切にされていないと感じるよりも、人とつながったり、何かのコミュニティーに所属しているという意識をもちたいと願うものです。私たちは自分自身が誰かとつながっているとか、相手に大切にされていると感じられないときに、心がかき乱されるような感覚に陥ります。たくさんの対立が世の中にはありますが、その基本となるメッセージのほとんどは**「私を認めて！　私の話を聴いて！　私を理解して！　私は大切なのだから！」**。

ひとたび誰かが真心をもってあなたを見つめ、あなたの話に耳を傾け、あなたを理解してくれたならば、この激しい感情は相手があなたを認めてくれるにしたがって急速に静まっていくのです。

マーティン・ルーサー・キング牧師の言葉に「暴力は、聴いてもらえない人々の言葉である」というものがあります。

暴力をなくすには、思いやりをもって人間関係を強化し、相手を理解していくしかありません。人間関係の問題を解決するためには、いかに難しくとも、自分自身の正しさを証明したり、相手に報復したり、会話をあきらめたりすることはやめなくてはなりません。「自分さえよければいい」ではなく、**相手も自分もハッピーになれるような、ウィン・ウィンの関係を構築していかなくてはならないのです。**「自分を傷つけない」と感じられたら、相手も生産的な対話のなかに入ってくることができるでしょう。

しかし、なぜか私たちは、最初から相手に思いやりをもって接するのではなく、傷つけたり、報復したりといった手段を取ろうとしてしまいます。**さんざん苦しみ、傷つけあった最終手段として思いやりを使おうと思う人も少なくありません。**

それはなぜか。あなたはやけどをした経験がありますか？　もしやけどをしたことがあるならば、今でも火を見るととっさに身構えてしまうかもしれません。同じように、人間関係の対立においても、過去に手痛い思いをしたことがある人は、自分が傷つかないようとっさに自己防衛反応を示してしまうことがあるのです。

しかし自分を守ることばかりに意識を置いていたら、人は基本的な人権を尊重することすら簡単に忘れてしまいます。現にアメリカでは、黒人に対しての差別や暴力がいまだに大きな問題としてクローズアップされています。人種差別を禁ずる公民権法は50年以上も前に制定されたというのに……！

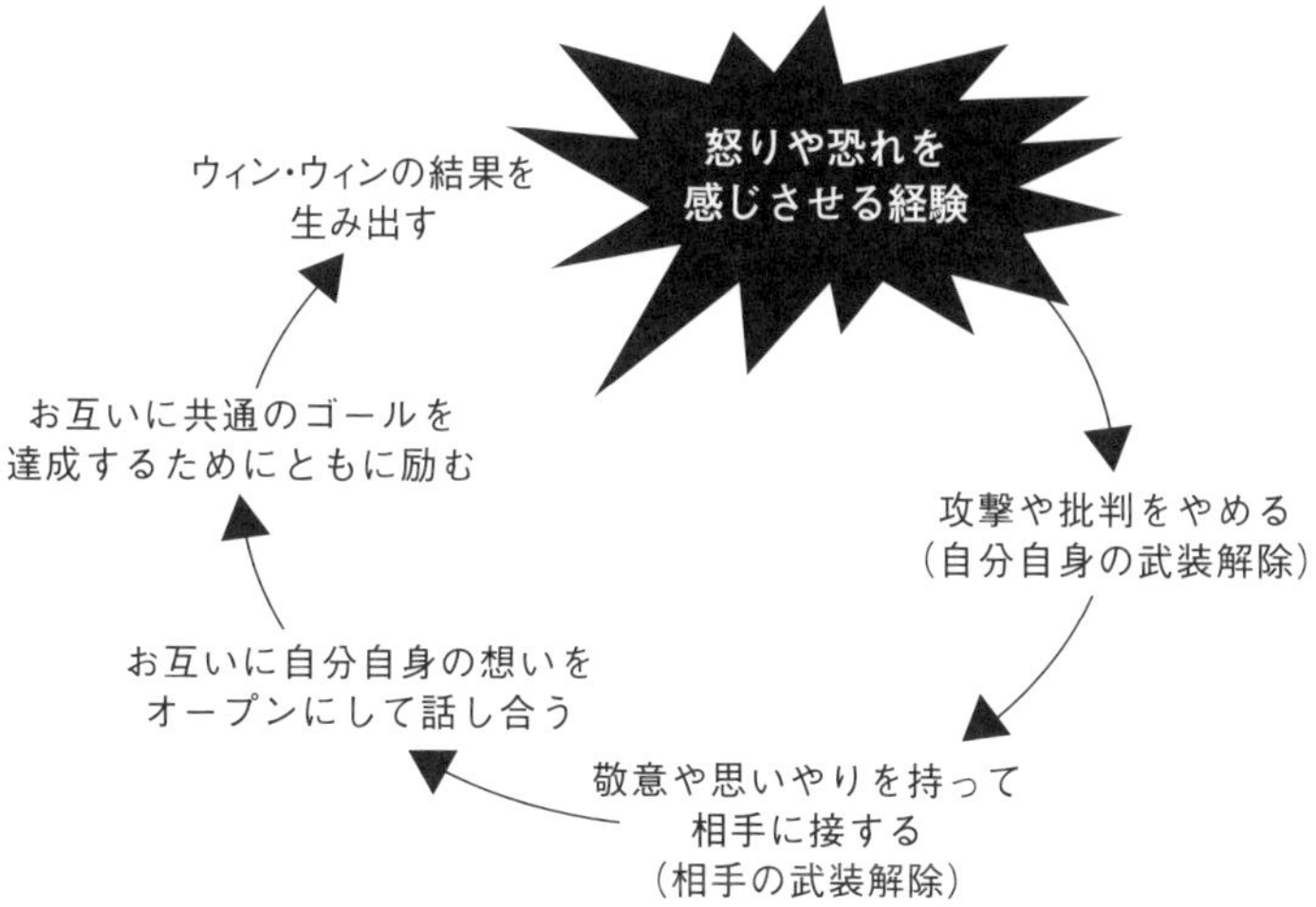
怒りや恐れを
感じさせる経験
攻撃や批判をやめる
（自分自身の武装解除）
敬意や思いやりを持って
相手に接する
（相手の武装解除）
お互いに自分自身の想いを
オープンにして話し合う
お互いに共通のゴールを
達成するためにともに励む
ウィン・ウィンの結果を
生み出す

対立からチャンスへの転換

このような人種差別に限らず、人との間に生じる対立関係を解決するには、まず相手を尊重することです。ありのままのその人を受け入れ、批判することなくその人の意見に耳を傾ける。尊敬や思いやりを示すことで、私たちの関係性は大きく改善されるでしょう。

それらができない理由の一つに挙げられるのが、過去に受けた古傷を癒せていないことです。自らの古傷に向き合うことなく、本当の感情に気づかないまま相手に接していたら、幾度も対立が発生する循環が生まれていてもおかしくありません。

この本を通じて、自分自身の本当

の心の声に向き合い、相手との対立を解消していけば、あなたの自尊感情や自信は高まり、よりパワーアップした人生を送っていけるはずです。

逆に、自分自身の本当の心の声に背を向け、感情を抑圧し続けていけば、あなたはパワーを失い、生きていくためのエネルギーを枯渇させてしまいます。

そうならないためにも、いつまでもあなたの気分を害した人に対して黙ったままでいたり、常に自分が被害者のように振る舞ったりするのはやめたほうがいいでしょう。

自分の本当の心の声はどこにあるのか。そこに気づくことが、まず対立解消にとって大切な第一歩です。

あなたと相手の人間関係を対立させない10のCPR

CPR1　自分自身を武装解除する

人間関係における対立を解決するために、まず必要なことが**自分自身を武装解除するこ**

と。自分自身が「怒っている」と感じているときは、特に意識して否定的な話し方や考え方をしないほうがいいのです。相手を懲《こ》らしめようとしたり、正義を振りかざそうとしたり、仕返ししたり、逆に黙り込んだりといったことは極力しないようにしましょう。インド独立時の立役者である、マハトマ・ガンジーの言葉を借りるならば「あなたは自分を傷つけた人を罰するためにここにいるのか、それとも、状況をより良くするためにここにいるのか」ということです。

あなたは人間関係における対立を解消したいのであれば、**より良い変化を生み出すために全力を傾けなくてはなりません。**そして、変化を生み出すには、まず相手が名誉を保てるよう、尊敬の念をもって接するところからはじめる必要があります。誰だって、恥をかかされたり、無様な思いをしたくはありません。そのため、もしあなたが相手のメンツをつぶすような発言や非難をしたら、相手は名誉を汚されたり侮辱されたりしたと感じ、たいていの場合仕返ししてくるでしょう。

相手に対する否定的な考えはしばしば、問題解決を遠ざけます。こうした考えは新たな悪口や非難の応酬の火種となってしまうのです。

例えば、あなたと違う意見や価値観をもっているというだけで、相手を「悪者だ！」と否定してはいませんか？　その前に本当にその人の人間性は悪なのか？　改めて考え直してみる必要があります。ただ自分自身の意見を否定されたような気分になり、相手を「悪者だ！」と決めかかっているだけかもしれません。

確かに、**自分自身の安全や信頼性が脅かされるとなると、私たちの自己防衛意識は自然と高まります。**しかしその人の言動によって、本当に自分自身の安全や信頼性が損なわれているのか。現実と認識が異なることは往々にしてあることです。

自己防衛意識が高まり、相手を非難したり、悪口を言ったり、逆に完全に心を閉ざしてしまったりすると、人間関係は停止し、対立を解決するための道筋はふさがれてしまいます。

相手を非難したり、罵詈雑言《ばりぞうごん》を吐いたりするのではなく、いったん異なる価値観や考えを認め、受け入れましょう。

確かに、それは勇気や信頼を必要とすることです。「戦わない＝武器を放棄する」こと。戦場で丸腰で立ち尽くしているようなものですから、心から震え上がるほど怖いことだと思います。

しかし悪意も、自分の正当性を証明したいという欲求も捨て、全力で対立解消のために実直に取り組んでいく。この心構えをもつことが、対立解消のための最初のステップであり、最終的に二人の関係をより強固にしていくでしょう。第三者の目を気にすることなく、まっさらな瞳で向き合えば、まったく同じ問題でも新たな側面に気づけるはずです。

このような心構えのもと相手に接していけば、相手は安心感をもって本音をさらけ出すことができ、お互いにオープンで誠実な関係でいられるでしょう。

相手の考えを「良い」「悪い」などと性急に判断する癖は、過去の積み重ねのなかで無意識下に構築されています。自己防衛の最中では、その癖や考えが物事を判断する根拠となってしまい、次のアクションを反射的に決めてしまいます。

相手をすぐ否定する考え方を改めましょう。すぐに考え方を変えられない場合は、まず相手を否定する感情が頭をもたげてきたら、**ゆっくり腹式呼吸（注：お腹を膨らませる呼吸）をして、いったん心を落ち着かせましょう**。腹式呼吸をすることで、酸素をたくさん取り込み、穏やかな気持ちになります。その結果、反射的に誤った判断を下し、状況を悪化させてしまった、なんてことを減らせるでしょう。

そしてなぜ自分はこのような激しい感情（怒り、恐れ、悲しみ、あるいは苦しみなど）を抱いているのか、自問自答してみます。例えば、「誰も自分の意見を受け入れてくれないことに落ち込んでいる」という真実の声に気づければ、感情の高まりも少しは和らぐかもしれません。

そして、激している相手に巻き込まれて、自分自身も激しい怒りの感情などを引き起こすこともなるべくやめましょう。

どうしても自分自身を律することができない場合は、親指の皮膚に人差し指の爪を押し付けなさい。そのかすかな痛みが、あなたを現状にとどまるよう教えてくれます。

CPR1　相手の激しい感情に飲み込まれそうになったり、相手に対して否定的な見解をもつようになっていたら、まずは自分自身の感情を見直しましょう。相手を否定する感情は極力もたないで。否定的な感情を排し、まっさらな瞳で問題に向き合えば、新たな発見があるはずです。

CPR2　傾聴する

相手の話を傾聴することも、人間関係の対立解消には重要な役割を果たします。

傾聴とは、その人の意見を理解するために、相手に注目し、受け入れるための行動です。

傾聴することの重要性は多くの人が理解していると思いますが、特に相手と対立関係にあるときは、つい言葉をさえぎったり、意見を否定してしまったりするものです。

しかし時に、人はただ単に自分の意見に耳を傾けてもらいたいときもあります。意見を否定されたり、途中で口を挟まれたりすることなく、ただ聴いてもらえるだけで感情を発散できることもあるのです。なぜなら**「聴いてもらえる」というだけで、人は「自分は大切にされている」と感じることができるからです。**それなので、たとえ意見に同意できなかったとしても、まずは相手の話に注意を向けましょう。話を聴くときは、自分自身に「相手の話を集中して聴けているか？」「相手に心を添わすことはできているか？」「つい相手の言うことを否定しようとしていないか？」「相手を理解しようとしたり、関係を強化しようとしたりしているか？」「第三者の目を気にしていないか？」と問いかけるようにしてください。**たとえ相手の話に耳を傾けていたとしても、いい加減に聴いていたり、不遜な態度を示したりしていたら、「傾聴する」には当たりません。怒った表情で自分の話を聴かれても、相手は安心感を得られないからです。**

また話を聴くときは、相手の気持ちに心を添わせるようにしましょう。「分かるよ」「理解できる」など肯定的な相づちを挟むことで、相手はより誠実な本音をあらわにしていきます。そして相手の話をさえぎらず、より明確にしたいときだけ途中に質問を挟むようにしましょう。求められてもいないのにアドバイスをしたり、相手が感じていることを不当だと言ったりしてはなりません。常に感情やニーズ、経験を認めてあげることで、相手は安心して話すことができます。
「この人は○○である」などと性急に判断を下すのではなく、とにかく相手の一言一言をもらさぬよう全神経を注いで耳を傾けましょう。そうすることで、相手はより快い気持ちで自分の想いを話すことができます。

CPR2　傾聴することで相手の本音を聞き出しましょう。相手を否定せず、言葉をさえぎらず、時折同調するだけで、相手は安心して自分の想いを伝えることができます。

CPR3　ボディランゲージ、表情を意識する

相手に誠実さを伝えるには、聴くだけではいけません。
ただ聴いているだけでは、時に相手に「本当にこの人は真摯に自分の話に耳を傾けてい

るのだろうか」と疑われてしまいます。

誠実にあなたの話を聴いていることを伝えるためにも、ボディランゲージを使っていきましょう。

例えば、腕組みをしながら遠くを見た状態で「聴いている」と言われたって、相手は納得しないでしょう。閉じられた身体とうつろな瞳が、その人が話を聴くことに集中していないことを表してしまうのです。

親密なつながりを生み出すためにも、適切なボディランゲージを活用しましょう。

非言語的コミュニケーションは、軽んじられがちですが、対立の発展に関わる重要な役割を担っています。

相手は〝あなたが誠実な人かどうか〟を、**無意識にあなたの身体の動きを通じて感じ取っています。言葉では「信じている」と明言しても、相手のボディランゲージが明らかに異なるとき、人は〝嘘を言っているのではないか？〟といったことを直感的に感じ取るのです。**

特に対立が生じているときは、聞き手の否定的なボディランゲージが、話し手に「その人は私の話を聴いていない、または真剣に受け取っていない」といったメッセージを伝えてしまいます。そうした状況下では、話し手は〝自分は尊重されていない〟と感じ、安心して話せない状況にさらなる怒りを募らせてしまいます。

ボディランゲージではありませんが、ぼんやりとした目つきなど、はっきりとしない表情もまた火に油を注ぐ結果になりやすいです。そのため、話を聴いているときは、相手が話していることには何でも関心をもっているといった態度を示したほうがいいでしょう。

『非言語の優位　The Nonverbal Advantage』という本のなかで、著者のキャロル・キンゼイ・ゴーマンは、カリフォルニア大学ロサンゼルス校（UCLA）の人々のコミュニケーションに関する研究を引用しています。

本書のなかで、アルバート・メラビアン博士は、**メッセージ全体の影響は7%が言葉、38%が声の調子、55%が表情や手の動き、姿勢**によることを著しています。この研究からも、行為が言葉よりも雄弁であることは、真実であるように思えます。

思考と言葉が一致しているとき、すなわち人が真実を話しているとき、その人が本当のことを話しているかどうかをボディランゲージが裏付けてくれるとゴーマンは述べています。

人の話を聴いたり、相手とコミュニケーションしたりしているときに、自分自身のボディランゲージにも注意を払いましょう。

例えば、座って話しているとき。相手が弱々しい様子で個人的な側面を見せているのであれば、少し前かがみになって話を聴きましょう。そして時折、軽くうなずくことによって、

「確実に聴き、理解している」といったサインを示します。姿勢は腕や足を組んだりせず、開いた状態にしておきましょう。

立ちながら話しているときは、まず手を腰に置く仕草はやめましょう。相手から攻撃的で威嚇《いかく》しているように見られてしまいます。手をポケットのなかに入れるのも同じくNG。用心深い人や嘘つきな人は、腕や手のジェスチャーが少ないことが証明されています。

あきれた顔、薄ら笑い、しかめっ面、冷淡なまなざしなどの侮蔑的な表情も控えましょう。

また「目は、すべてを語る」といわれています。目は、その人が、真摯に時を過ごそうとしているのか、相手を脅かそうとしているかなどすべてを物語ってしまうのです。

そのため、コミュニケーションをするとき、特に相手の話を傾聴するときは穏やかなアイコンタクトが欠かせません。鋭い凝視ではなく、柔らかなまなざしをすることは、どのような言葉よりも相手を落ち着かせます。目の周りの筋肉をリラックスさせ、まゆを寄せることはやめましょう。

アイコンタクトがないと、相手に興味・関心がないというメッセージを送ることになります。また鋭い凝視は、相手を支配しようとしていることを伝えてしまいます。

このように**ボディランゲージや表情を効果的に活用すれば、言葉でなくとも、相手に安**

心感を与えることができます。すでに緊張感が漂う状況であっても、ボディランゲージや表情を駆使すれば、事態を鎮静化させることだって可能なのです。

ボディランゲージや表情の重要性により気づくためにも、日頃から自分が話しているとき、相手がどのような反応をしているか、注目してみましょう。またあなた自身のボディランゲージや表情についても注意を払ってみるといいかもしれません。

あなたのボディランゲージや表情は無意識に「もうこの話は十分だ！」「この話は気に入らない！　イライラする！」「私はあなたの言っていることに賛成だ」「もっとあなたの話を聴きたい」などのメッセージを発しているかもしれません。

CPR3　ボディランゲージや表情を活用することで、相手の苛立ちや怒りを鎮め、次のステップに進めることがあります。相手のボディランゲージや表情に注目すると同時に、自分自身も人を不快にさせる行動を無意識にしていないか、注意を払いましょう。

CPR4 心を動かすように話す

コミュニケーションを取るにあたって、聞き手を引き込むような話し方をすることも大切です。あなたの話し方によって、相手の聴く態度や理解度も変わってきます。

あなたの言葉や話し方によって、相手の心を開くことも、閉ざすことも可能です。相手を惹きつけるような話し方をすれば、優位に交渉事を進めることができます。しかし遠ざけるような話し方をすれば、さらなる大きな混乱を招きかねません。

もしあなたがコミュニケーションによるトラブルに悩まされていたら、相手を惹きこむような魅力的な話し方を身につけることをおすすめします。特に対立に巻き込まれているときは、お互いの距離を近づけるような話し方を意識しましょう。

話し上手は、生まれつきのものだと思っている人もいるでしょうが、練習を重ねることで着実に会得できます。そして、**心を動かす話し方を身につけるキーポイントが、〝感情〟です。**

相手の心を動かす話し方をするには、感情のおもむくままに話すことが大事です。あなたの心の奥底に眠る感情――怒りや悲しみ、恐れなど――とその理由を、相手を非難したり、攻撃したり、罪悪感を抱かせたりすることなく、声に出すことによって、あなたの真実の想いを相手に伝えることができます。この感情が相手の心を惹きつけると同時に、あなたの心の奥底に眠る感情とその理由に気づいたとき、相手に思いやりの気持ちを思い起こさせます。

しかしながら、**自分がどう感じているかを相手に述べるとき、多くの人が自分の感情と自分の扱われ方を混同してしまうのです。**

例えば、相手に対して「定期的に電話をしてくれないのは、あなたが私に興味がないからでしょ」と言ったとしましょう。

このなかの〝あなたが私に興味がないからでしょ〟は感情ではなく、自分に向けられたと思っている行為（という表現が正確かは議論の余地がありますが）です。〝興味がないからでしょ〟と言われた人は、感情的になって「そんなことない！」と言い返してくるかもしれません。

感じていることを話すとき、焦点を当てるべき2つの領域があります。1つ目は、窮屈さ、重だるさ、軽さ、鈍感さ、痛みなどの身体的な感覚です。

2つ目は感情的な感覚で、それは、怒り、悲しみ、恐れ、喜びという4つの基本的な感情に還元することができます。人を非難したり、決めつけたりせずに、これらの感情を声に出して述べることで、心の奥底にある真実の想いを相手に伝えることができるのです。

右記の場合、「あなたが定期的に電話をしてくれなくて、とても悲しい。私たちの心が離れていくように感じられて、私の身体が重苦しく感じられる」と言ったら、相手も「そんなことはない」と反論しにくくなるでしょう。

日本人は特に感情表現が苦手だといわれています。子どもの頃、「そんなに泣くんじゃない！」「怒ってばかりいてはだめだ」など自らの感情を表に出すことを叱責された経験がある人も少なくないと思います。しかし、感情を言語化して表に出さなければ、これらの感情は私たちのなかでくすぶり続けたままです。**逆に、これらの感情を声に出していくことで、呪縛は解き放たれ、私たちの心のわだかまりも消え失せていくでしょう。**

これら4つの感情に当てはめることで、私たちは自分が本当に感じている感情を容易に特定し、見つけ出すことができるようになります。例えば、「困惑している」のようなほかの感情は、あなたが本当に感じている核心の感情ではない可能性があります。〝困惑〟のような感情の背後には、「よく見てもらえない」という恐れや、「ありのままの自分を受け入れてもらえていない」という悲しみが潜んでいることがよくあるからです。

対立している相手とつながるには、まず自らの感情をオープンにしなくてはなりません。**自分の感情をつまびらかにして、人間的な側面を見せることによって、相手はあなたに心を開こうとしてくれます。**

また、あなたの感情を表現するとき、なぜそのような感情を抱いているかの理由を説明することも忘れないでください。理由を分かち合えたとき、相手はあなたが一人の人間であり、自分を脅かすような存在でないことを悟るでしょう。あなたが感情とその理由を伝えたとき、相手との間にはっきりとした境界線を引くことができるのです。

そして最後に、この状況下で、あなたがどのようなことを求めているのかを伝えましょう。例えば、あなたは上司が自分にミーティングのスケジュールを教えてくれなかったことに対して、怒りを感じているとします。

そのようなときは「私は怒りを感じています。なぜならあなたがミーティング変更のスケジュールを教えてくれなかったからです。次回からは、私にも伝えてほしい」と伝えましょう。

ほかにも、夫婦間で口論になったときは「私は悲しい。今朝の口論以来、あなたが口を開いてくれないから。私はあなたに困難を一緒に乗り越えるための安心できる言葉をかけてもらいたい」。

恋人にバッドニュースを報告するとしたら「私は怖い。このことを話すことで、あなたを失ってしまうかもしれないから。私が本当のことを話したとしても、嫌わないでいてくれる？」といった具合です。

これはあなたの基本的な感情を取り扱うための例であり、このスキルを活用すればさまざまな対立関係を改善へと導いていけるでしょう。

またこれらの感情を伝えるとき、繰り返しとなるものの、相手を攻撃したり、悪く言ったりしてはいけません。人が相手を批判したり、決めつけたりしてしまうのは、**自分のなかに満たされないニーズがあるから**です。

例えば「あなたは家族よりも友達との予定ばかり優先させるのね」と相手が言ったとしましょう。この言葉の奥には「友達ばかりではなく、家族のこともっと大事にして」という悲しみが隠れています。でもこの言い方では、言われたほうは「いったい何が悪いんだ」と怒りを感じてしまうかもしれません。この場合も「私は悲しい。あなたが友達との予定ばかり優先させてしまうから。今度から家族とももっと長い時間を過ごしてほしい」と伝えることで「家族との時間」について相手が改めて考えるきっかけになる可能性があります。

『非暴力コミュニケーション Nonviolent Communication』の著者であるマーシャル・ローゼンバーグは、自分の感情にもっと直接的に自分のニーズをつなげることができるようになればなるほど、相手はこちらの言い分に耳を傾け、より容易に思いやりをもつようになると述べています。

例えば、「僕は怒っている。君がいつも遅刻ばかりするから！　君はいつも僕を待たせてばかりだ」と激昂しても、相手は自分が責められたような気持ちになり、場合によっては友人関係に終止符が打たれるかもしれません。

しかし「僕は怒っている。君がいつも遅刻ばかりするから！　今度から遅れるときは、電話を1本入れてくれよ」と言われれば、「分かった。次から気をつけるよ」と言い出しやすくなるでしょう。

現代では、多くの人が我慢や忍耐に慣れてしまって、ストレートに自分の感情やニーズを述べることに抵抗があるかもしれません。しかしそうすることで、相手の思いやりの気持ちが芽生えはじめていくのです。

CPR4　自分の感情とその理由、ニーズを率直に伝えることで、相手に思いやりの気持ちを芽生えさせましょう。感情を押し殺したままでは、人間関係の対立を解消することはできません。自分の真実の感情を相手に伝えることで、真の融和が生まれていきます。

CPR5　タイミングを見計らう

問題解決のためには、今この話題を提供すべきタイミングかを推し測ることも重要です。

たとえあなたが今この問題を解決したいと思っていても、相手の心が別のことに奪われているなどしたら、その道は険しいでしょう。

もちろん、時には理想的なタイミングではないが、ほかに選択の余地がないときもあります。しかし可能であれば、適切なタイミングまで待って、会話の口火を切るのがいいでしょう。

CPR5　ベストなタイミングを見計らって話しかけることが、問題解決への早道。

CPR6　言葉の選択に気をつける

心のドアを閉めるのではなく、オープンにするような言葉遣いを心がけましょう。特に「あなた」「君」など相手を指す言葉を使うときは慎重になってください。人によっては「あなたは〜」「君は〜」と言われるだけで、非難や攻撃されていると感じ、心を閉じてしまいます。

「あなたはいつも遅れてくる」「あなたは態度が悪い」「あなたは神経質すぎる」「あなたのそういうところが良くない」など〝あなた〟で始まる文章をよく使っていませんか？

そのようなときは、**〝あなた〟の代わりに〝私〟を用いる**ようにしましょう。「私はあなたが遅れてくると悲しくなる」「私はあなたのその態度を見ていると苛立ちを覚える」「私はあなたのその神経質すぎるところが気になる」「私はあなたのそういうところがよくないと感じる」……。そう言うだけで、少し言葉が柔らかくなります。

非難するのではなく、「自分はこう思っている（またはこう感じている）」といった自らの感情を表現することで、相手も「そんなことはない！」と反論しづらくなります。相手をとがめるのではなく、自分がどう感じているのかを伝えることで、大きな対立が生まれづらくなるのです。

また「お前が悪い」「ばかげている」「怠けている」「不注意だ」「無能だ」などの非難的あるいは批判的ととられかねない言葉は避けるようにしましょう。

例えば、「私はあなたが怠けているのを見て怒っている」はやめて、「私は実力を最大限に発揮できていないあなたを見ると悲しくなる」という言い方に換えてみましょう。そうすることで、相手に責任を感じさせることなく、次のステップへと促すことができます。最後にさらに「私は実力を最大限に発揮できていないあなたを見ると悲しくなる。あなたの新たな才能を開花させるためにも、資格取得に励んでくれるとうれしい」というように具体的なニーズを伝えると、より相手は行動に移しやすくなります。

CPR6 〝あなた〟ではなく、〝私〟を主語にしましょう。〝私〟はどのように感じているかを伝えると、相手は反論しにくくなります。

CPR7　声の調子や強さにも注意を払う

声の調子や強さもあなたの誠実さを伝えるうえでの大事なポイントです。大きな声で圧倒するような話し方は相手を萎縮《いしゅく》させてしまいますし、話を大げさにする傾向がある人は周囲に信用されにくいのです。

怒りを感じていたとしても、相手を怯えさせるような声の調子で話すのはやめましょう。声に多少の強さが出てしまうのは仕方ありませんが、相手を非難したり決めつけたりするのではなく、自分自身の感情を伝えるようにしてください。それが難しいようであれば、冷静になれそうな別の機会に話し合いの場を設けたほうがいいでしょう。

CPR7　怒りに任せて相手を非難したり決めつけたりするのはやめましょう。

CPR8　早口でしゃべらない

早口でしゃべりすぎると、相手に恐怖を抱かせてしまいます。**最後までゆっくりとした話し方を心がけましょう。**

早すぎる話し方を耳にして、聞き手は過去の何かをごまかそうとしているのではないか、という疑念を覚えるかもしれません。また早口すぎて、何を話しているのか分からなくなり、相手を混乱させてしまうこともあります。

ただしゆっくりすぎる話し方も禁物です。あまりにもゆっくりすぎる話し方は、相手をうんざりさせ、耳をふさぎたくなるような気分にさせてしまいます。

> **CPR8　最後まで早口にならないよう、ゆっくりとした話し方を心がけましょう。早すぎる話し方は相手を恐れさせ、混乱させてしまう可能性があります。**

CPR9　明確なメッセージを伝える

明確なメッセージをもつようにしましょう。**直接的で簡潔なコミュニケーションを心がけ、遠回しな言い方や聞き手が耳を貸さなくなるような長すぎる話はご法度です。**相手がわざわざ謎を解くかのように解読しなくてはならない回りくどい話し方は避け、明確に伝えましょう。

人間関係における対立は、私たちが言うべきことをしっかり言わなかったときによく起こります。例えば、仕返しを恐れたり、相手の感情を傷つけたりするのを避けるため「ノー」と言うことを躊躇《ちゅうちょ》する日本人は大勢います。渋々受け入れ、その後に想定外の理不尽な事態が発生したときなどに、相手にさらなる腹立たしさを感じたことがある人も多いのではないでしょうか。

また怒りや苛立ちを縮小・緩和させるのではなく、そのままの感情を伝えたほうがいいでしょう。例えば、事態を深刻化させないために、笑いながら「私は怒っている、なぜなら……」といった言い方をする人がいます。しかしこれでは、複雑なメッセージを送ってしまい、「この人は怒っているのか？　それとも、そうではないのか？」といった具合に相手を混乱させてしまいます。

あなたが心から感じていることを伝えることが、相手の心奥《しんおう》を揺さぶっていくのです。

CPR9　回りくどい言い方や遠回しな表現は避けて、明確なメッセージを送りましょう。複雑なメッセージは相手を混乱させ、問題解決を遠ざけてしまいます。

CPR10　共有できるビジョンを見つける

最後にＣＰＲ１〜９までを使って、人間関係において湧き起こった対立を解消していきます。ありのままの姿をさらし、これまでのコミュニケーションのスキルを用いれば、きっと新たな関係性が見えてくるはずです。

あなたが自分の感情をオープンにし、言葉遣いや表情、ボディランゲージ、話し方などに気をつけて、あなたが特に必要としているニーズを伝え、相手との間に境界線を設定すれば、相手はきっと思いやりの気持ちを示してくれるはずです。

感情がこみあげてきたとしても、攻撃的な言葉や相手を非難するような言い方はやめましょう。冷静に話しても相手が聞く耳をもたなかったら、いったん議論するのはやめ、改めて機会を設けるようにします。

互いのニーズを伝え合い、問題解決への第一歩を踏み出したら、**次は共通のビジョンを見つけ出していきましょう。**

人間関係を良好にするには、共通のビジョンや目標に向かってともに物事を進めていくことが有効です。お互い何を創造したいのか、改めて問い直してみましょう。

自分がどのような状態を望んでいるのかが分からなければ、行動することはできません。お互いに自分の望んでいる状態をより明確にさせ、本心に気づき、共有するビジョンへと進んでいくことが一番の理想的なゴールといえます。

CPR10　互いの本当に望んでいる状態を改めて問い直し、共通のビジョンを見いだしていきましょう。そうすることで、対立関係を解消できるだけでなく、より強固な絆を築き上げていくことができます。

ACPを通じて、幸せな最期を迎えた事例

自分や家族が理想的な最期を迎えるためには、どうすればいいのか。私は人々が「よい死」を迎えるためには、数年前から準備をはじめ、皆で協力して最後の夢を叶えるため動き出す必要があると思います。

例えば、Dさんの事例を紹介しましょう。

Dさんはご主人を亡くされたあと、自らの人生について3人の娘さんたちとともに真剣に話し合いました。娘さんたちは「お父さんが亡くなったあとに、お母さんまで……、縁起が悪い」とも言いましたが、「お父さんだってまさか70歳で亡くなるとは思わなかった。私の人生だって、いつ何どき何が起こるか分からない」と葬式の手配のことや出席者のリスト、終末期の治療についてなどを娘さんたちに細かく伝えました。

その後、Dさんは20年近く元気に過ごしたのですが、娘さんたちに迷惑をかけないよう栄養や運動にこだわるのはもちろん、ボランティア活動をしたり、英会話やピアノのお稽古事を楽しんだり、年に数回は国内外に旅行をしていました。

「やっぱりお父さんと違って、お母さんは元気じゃない。１００歳まで元気で生きてね」と娘さんたちには笑って言われていましたが、85歳のとき皮膚がんが見つかります。それ

まで足腰などの痛みを感じることはあったものの、初めての大病。もともと元気なDさんでしたが、さすがにこのときは精神的にも落ち込み、手術のための入院生活以来、足腰もどんどん弱ってしまい、一人暮らしもままならなくなってしまいました。

しかしDさんはこのような日がいずれ訪れることは分かっていましたので、事前に周囲の介護施設などの評判を調査し、自分が一人暮らしできなくなったら、どの施設に世話になるかも決めていました。

3人の娘さんたちも来るべき日に向けて事前に話し合い、備えていたので、誰が介護施設の費用を負担するか、母親への面会はいつどのくらいのペースで行うかなどで揉めることもなく、事前に決められた通り、てきぱきと進めることができました。

日に日に衰弱していくDさん。しかし「今日死んでも後悔しない生き方をしている」と医療者にも公言しているDさんだけあって、いつでも笑顔を絶やしません。娘さんたちも「私たちはお母さんの子で幸せだ」と話します。

刻々と最期の日の訪れが近づいてきます。そろそろ自分の余命はあと幾ばくも無いと感じはじめたのでしょうか。Dさんは最後に「最後は痛みを取り除いてくれればいいからね。できれば私の最後のベッドのわきにはバラを飾ってね。大好きなバラを見ながら天国に行けたら最高よ」と伝えました。

娘さんたちは、Dさんの最後の言葉通り、病院のベッドのわきには欠かさず赤いバラの花を飾りました。そして、Dさんは自身の理想通り、バラの花が咲き誇る横で最期の瞬間を迎えたのです。

このように家族間で人生の最期に向けての話し合いを事前にしておくと、理想通りの最期を迎えられる可能性が高まるだけでなく、遺される家族もどのように振る舞えばいいかが明確になって、後悔なく家族の最期を見送ることができます。

Dさんのケースは、Dさん本人がかなり主体的に動いていますが、「よい死」を迎えるための提言は家族のほうから行ってもかまいません。Dさんのケースを見れば分かる通り、ACPは決して不吉なことでも、縁起の悪いことでもありません。

より良い生き方をするためにどうすればいいか。家族みんなで考えることなのです。

ACPと遺書との違い

ACPの概念を伝えるなかで、ACPの話し合いの内容は〝遺書〟になるのではないか、と考える人も多いと思います。遺書とは、故人が生前に家族や仲間などに自分の胸の内などを伝えるための手紙やメモのこと。誰に財産を相続するのか、死後はこうしてほしいなどの希望が書かれていることが多いのです。

しかしACPの概念は遺書とは異なり〝生きている間、自分はどうしたいか〟ということを家族に伝えることを主旨《しゅし》としています。

五体満足のまま、ある日突然、流れ星が消えていくように美しく生命の灯を絶やすことができたら、それは理想的だと思います。しかし残念ながら、そのような亡くなり方は現代社会では少なく、多くの人が徐々に身体や認知機能が衰えていき、周囲の助けを借りないと自分の意思を伝えたり、生活したりすることが難しくなっていきます。

そうなったときに、自分はどうしてほしいのか。そのことに目を向けるのが大切です。

私たちは健康であるときはもちろん、年をとればとるほど一人で生きることが困難になっていきます。そのとき、誰にどのようなヘルプを求めるのか。早いうちから仲間づくりをすると考えてみてもいいかもしれません。

人は一人では生きていけません。頑健なときはまだいいかもしれませんが、その事実を思い知らされることが高齢になるほど増えてきます。

寂しい終末を迎えないためにも、誰がどのように助けるか。早いうちから話し合ったほうが家族も安心して人生の最期を送ることができるかもしれません。

第3章

介護・看護の悩みを抱える人たちの10の事例

ここまで、ACPといった「よい死」を迎えるためのコミュニケーション等についてお伝えしました。第1章でも、ACPの話し合いをする際、「そんなことを今から考えるなんて縁起が悪い」などと思われるのではないかといった、コミュニケーションに関する課題について解説しました。

ACPに限らず、介護という初めての状況に遭遇し、さまざまなコミュニケーションの問題にぶつかる家族は多いのです。

日本にはいまだに家父長制度といわれる古くからの慣習が残っており、「介護は家族が行うべき」「家族に介護してもらいたい」「家族である自分が何もしないわけにはいかない」などの考えに縛られているケースが少なくありません。

ところが、最も近しい家族だからこそ、気を使うことなくコミュニケーションをしてしまい、大きな軋轢《あつれき》が生まれてしまうことがあります。

ここでは、そんな家族間の介護に関連するコミュニケーションでよくある10の事例を紹介します。現在、同様の問題に悩まれている方だけでなく、今後こういう事態が発生するかもしれないという観点でぜひ参考にしていただけると幸いです。

Case1 夫を介護する妻にがんが発覚。共倒れにならないため、周囲はどうアドバイスすべき？

ミチコ（66歳）は、12年前に若年性の認知症を患った夫であるタケオの介護を10年以上も自宅で行っている。3人の子どもたちはすでに独立し、市内外に居住している。

現在、ミチコは自宅で夫の介護に専念しているが、以前は私立の訪問介護ステーションで働いており、看護師、ケアマネージャー、社会福祉士、精神保健福祉士とたくさんの免許を保持していた。ミチコは自身のやり方で介護を行いたいという思いと、子どもたちにはできるだけ迷惑をかけたくないという思いから、3人の子どもたちにはあまり介護の詳細は伝えず、タケオが脳出血や腎結石《じんけっせき》などで入院治療するなどしたときも、子どもたちには事後報告だけで済ましていた。

しかし、そんなミチコはある日、良性発作性めまい症が生じ、入院することに。その後も、肩関節に異変を感じ、急遽、入院治療を受けることになった。その間、タケオはショートステイに預けられることに。ショートステイの入所手続きこそ市内に住む長男に任せたものの、ミチコは短期間で退院。その後も、めまいや肩の痛みに耐えながら、献身的にタケオの介護を行っている。

そんなミチコを心配するのが長女のレイコである。市外に住んでいるレイコは電話や時には実家を訪れ、ミチコが介護の苦労や夫に対する不満などをため込まないよう、はけ口となって愚痴を聞くようにしている。

レイコは「お母さん一人じゃ大変そうだから、私たちも定期的に手伝おうか？ ヘルパーさんを雇ってもいいし……」など、ミチコの負担を和らげるためアドバイスや具体的な介護方針の提案などをするものの、ミチコは頑として受け入れようとしない。首を横に振るばかりである。

ある日のこと、いつも通りミチコの愚痴を聞いていたレイコは、母の顔面に見慣れない黒色の斑点があることに気づく。

「お母さん、そんな斑点あったっけ？」と言うと、ミチコは鏡をのぞき込みながら「イヤね、気づかなかったけど、けっこう目立つところにあるわ」と心配そうにつぶやいた。

「皮膚がんかもしれないから、念のために病院に行ったら？」と受診をすすめるも「大丈夫よ。年をとったらよくあることだわ」と取り付く島もない。

母のことは心配だが、一度決めたらなかなか考えを曲げないミチコの気質を知っているからこそ、強く言うこともできない。

レイコは母の近隣に住む兄と弟に相談すべきか迷っているが、二人が助言しても、同じ状況になるだろうと思い、なかなか連絡することができずにいる。

Advice1　心から心配して近づき、まず相手が自分の人生においてどれくらい大切かを伝えます。そこから、相手ではなく、自分の問題であることを話し、相手の自己防衛を解きほぐしていきましょう。

ミチコにとって、娘の助言は「まだまだできる自分を認めていない。自分の介護能力は不十分だと思われている。自分は娘にないがしろにされている」などミチコのプライドを刺激するものかもしれません。かつて訪問介護ステーションで働いており、数々の免許を保有するミチコにとって、娘であっても介護の素人に自らの介護能力に対して口出しされることは、プライドが許さない出来事なのでしょう。

レイコにとっては、疲れている母親への親切なメッセージのつもりであっても、受け手であるミチコからしてみれば「夫の介護はあなたでなくてもできる。あなたの代わりはいくらでもいる」と言われている気分になるかもしれません。この〝あなたでなくてもできる＝あなたは重要ではない〟という認識が無意識にミチコのなかで引き起こされて、ミチコは自己防衛のために「何が何でも夫の介護を頑なに手放さない」という状況に陥っている可能性があります。

このようなときは、まず**自分の感情を素直に相手に伝えましょう**。相手に「病院に行け」などと指示をするのではなく、まずこれは母ではなく、レイコ自身の問題であると述べ、自分の感情に対して責任をもちます。そして、最終的には、**相手に対する思いやりを見せます**。

思いやりとは相手が「**私はこの人に自分の気持ちを理解してもらえている**」と感じられることです。感情面で心から結び付くことができれば、対立は生まれません。

この場合、例えばレイコはミチコに「**ありがとう**」と感謝の言葉を投げかけるのも一つの方法です。自分の言うことを聞かない、頑固なミチコに苛立つことも多々あると思います。しかし、いったんその感情を捨て去って、ミチコが自分たちにしてくれた行為を思い返してみましょう。

ミチコがタケオの介護を献身的に行ってくれたからこそ、レイコは仕事や子育てに励むことができたかもしれません。それだけではありません。ミチコが働いて家計を支えてくれたからこそ、子どもたちは自由に生活できたり、大学に進学できたりしている可能性もあるのです。

今までの人生で何を受け取ってきたのか。その思いを改めて母親に伝えてみましょう。なかには「私の母は決して世間一般に認められる良い母親ではなかった」というケースもあると思います。でも小さなことかもしれませんが、褒められたこと、うれしかったことなどきっとあるはずです。決して感情的になってはいけません。

何をすべきか言われるのを好む人はいません。指示されることは、屈辱的です。自分の能力の不備を指摘されて喜ぶ人はいないのです。

しかし、心から心配して近づき、自分の人生において相手がどんなに大切な存在であるかを伝えることができれば、**頑なだった相手の態度も変わるかもしれません**。

感情やニーズを伝えることは、自分の弱さや人間らしさを相手に見せることにつながります。それが相手に安心感をもたらし、二人をつなぐきっかけになるでしょう。

Good example1

レイコ：（真面目で心配そうな顔つきをしながら）

「私は、お父さんのこともちろん、気になるけど、お母さんのことも心配。お母さんは周囲に気を使ってばかりで、自分のことは後回しでしょう。

お母さんの疲れている姿を見ると、私の胸が苦しくなってくる。いつかお母さんの身に何か起きたらどうしようと思うと、夜も眠れなくなるの。取り返しのつかないことが起きて後悔したくないという私のわがままで申し訳ないんだけれども、少しだけでいいから私たちやヘルパーさんに介護を任せてもらえないかな？」

ミチコ：（イライラして）

「あなたたちに介護なんかできるわけないでしょ！　お父さんは気をつけなくちゃいけない点が、多いんだから。他人が家のなかに入ってきたら、パニックになるに決まっているわ！　私のことはかまわないで。自分の体調管理ぐらい、自分でできるわ」

レイコ：

「でも、それじゃ心配なのよ。お母さんはよくても、私たちはお母さんが突然倒れたら、どうすればいいの？　お父さんのことに関して重要事項の引継ぎもないまま、ヘルパーさんを頼んだり、自分たちで介護したりしなくちゃならなくなるのよ。
お父さんの介護のこともあるから、お母さんには長生きしてもらいたいのよ。私たちのわがままで申し訳ないけれども、お願いだから、病院だけは受診してくれないかしら？　お母さんが元気だって分かれば、私たちだって安心してお母さんに介護を任せられるし、できれば元気なうちにお母さんを手伝って、少しずつ介護のスキルも学びたいわ」

ミチコ：（感情的になりながらも）
「仕方がないわね。とりあえず、病院だけは行くわ。確かに、私に何かあったら、一番困るのはお父さんだからね。介護を手伝うのはいいけれども、余計な手出しはしないでね。変なことをすると、本当にちょっとしたことでも一大事になりかねないんだから!!」

レイコ：（激している母に対して、感情を努めて抑えながら）
「お母さん、ありがとう。私、お母さんの娘でよかったと、今、心の奥底から思っているわ」

Case2　家族が仲良くしてくれない。孫として、仲直りさせるにはどうすればいい？

ナツミ（38歳）には、優しい祖母がいる。祖母は100歳を超え、現在は老人ホームに入所している。

ナツミにとって、悩みの種は父である。父は幼い頃、祖母に厳しく接せられ、そのときの禍根が残っている。老人ホームに祖母の面会に向かうときも、「お前一人で行けばいい」と言い放ち、どうしても一緒に行かなくてはならないときは、「長生きすぎるばあさんだ」と不満げにもらす。その態度を見るたび、ナツミは「実の親子なのに……。なんでこんなに悪態をつくのだろう」と憤りを覚えている。

ナツミはある日、「お父さんはいつもお祖母ちゃんのことになると文句ばかり。もう昔のことなんだし、いい加減に許してあげなよ。もう何十年も前のことなんだよ」と言うと、「お前にいったい何が分かるというんだ!!」と父は声を荒げて、そのまま席を立ち、長らく連絡もとれない状態になった。

以来、ナツミは父に祖母に歩み寄るよう呼びかけるのはやめたが、「どうしていつまでも昔のことにこだわり続けるのだろう。最後、お祖母ちゃんが亡くなる直前ぐらいは心を通わせ合ってくれればいいのに」といまわの際まで反目し続けるであろう二人を思うたび、ため息がこぼれるのであった。

Advice2　なぜ祖母と父に和解してほしいと願うのか。自分の心の奥底にある感情をまずは洗い出してみましょう。

「実の親子なのだから、仲が良いのは当然」という思いが根強く残っていませんか？　確かに、仲のいい夫婦や楽しげな親子の会話は心が和みます。家族はかけがえのない存在だと感じている人も多いでしょう。

しかし親子や家族だからといって、誰もが必ずしも仲が良いとは限りません。家族間でも確執は存在しますし、もう何年も家族とは連絡をとっていないという人もたくさん存在します。「家族の仲が悪い」と犠牲者のように振る舞うのではなく、それに対してどのように向き合うべきか、努力することが大切です。

なぜ祖母と父に和解してほしいと願うか。ナツミの場合、「親子なんだから、仲が良くて当然」という幻想にとりつかれているだけかもしれません。

もし父と祖母の仲が現在よりよかったら、どのような状態になっていたか？　まずは頭のなかで思い描いてみるのが良いでしょう。もしかしたら、ただ単に二人の愚痴や悪口を耳にしたくなくて「仲良くしてくれればいいのに……」と思っているだけかもしれません。

本気で二人の仲を取りもちたいと思うのであれば、改めて父と祖母、それぞれに向き合い、お互いの本音を聞き出しましょう。人は自分の話や気持ちに真剣に耳を傾けてもらえるだけで心が楽になることがあります。本人同士では話せなくても、孫や子どもを通じてならポロリと本音がこぼれるかもしれません。

子どものとき何があったのか、そのとき互いにどのような感情を抱いていたのかなど、時間がたった今だからこそ話せることもあるでしょう。

「あのとき、ああ言ってしまったけど、今思うともっと違う行動をすればよかった」といった証言を引き出せれば、第三者としてさりげなく相手にそのことを伝えてみるのもいいと思います。一回だけでは大した効果はないかもしれませんが、繰り返すことで、互いの距離が縮まっていく可能性はあります。

相手を理解するためにできる限りのことをすべて行い、またあなた自身の気持ちも理解してもらえるよう適切な方法で話し合いましょう。

まず自分がどのような状態になることを望んでいるのか。もしかしたら、二人が和解せずとも、あなたの現状をよりよくすることはできるかもしれません。

Good example2

ナツミ：（真剣な表情で）

「お父さんとお祖母ちゃんが仲良くすることはできないの？」

父：（カッとなって）

「あのばあさんに俺がどれだけ苦しめられたか知らないから、お前はそんなこと言えるんだ。金輪際、そんなことを言うな！　親子の縁を切るぞ!!!」

ナツミ：

「でも私がその分、お祖母ちゃんの面会にも行かなくちゃならないし、お父さんやお祖母ちゃんに会うたびにお互いの悪口や愚痴を聞くのは私もつらい。二人が仲良くしてくれれば、こんな思いはしなくて済むかもしれないのに……」

父：（少しばつの悪そうな表情をしながら）

「お前には面倒をかけて申し訳ないと思っている。お前にすべての苦労を押し付けるつもりはないから、できるだけ最低限行かなくてはならないときはばあさんのところにも行くようにするよ。でもお前もできる限り俺の前でばあさんの話はしないでくれ。そうしたら、お前を苦しめることも少なくなるだろうから」

ナツミ：

「分かった。でも私には昔、何があったか教えてもらえないかな？　お父さんは過去のことはあまり話したがらないけれども、私も当事者だし知る権利があると思うわ。お父さんとお祖母ちゃんのことをもっと理解できたら、私もこんなに苦しむことはなくなると思う」

父：

「昔のことを今更持ち出すのもなんだが、きちんと話すことでお前の負担が少しでも緩和されるのであれば、少しずつ話していこうか……」

Case3　義祖母の介護に疲れ「早く死んでほしい」とつぶやく義母。嫁としてどう接するべき？

ミサキ（35歳）は、95歳の義祖母と60代の義理の両親と3世帯で同居をしている。同居といっても、同じ邸宅内の2階にミサキ夫婦と2人の子どもたちは住んでおり、玄関や風呂、トイレ、居住空間などもすべて独立している。廊下などでばったり義祖母や義理の両親と顔を合わせることはない。

普段は義祖母や義理の両親と会うことはないが、週末などは義理の両親のもとにちょくちょく顔を出すようにしている。というのも、義祖母は認知症の要介護2で義母を中心に義理の両親が義祖母の介護を行っているからだ。

ミサキは平日は仕事をし、2人の小学生の子どもたちも育ち盛りで手がかかるため、義理の両親から介護の手伝いをするよう要請されたことはない。しかし同じ敷地内で生活しながら、まったく顔を見せないというのも気まずく、またいつも疲れ切っている義母の様子も気になり、2～3週間に1、2回は顔を出すようにしている。

義母はミサキが訪れると、まずは決まって義祖母の悪口を言う。それは最近のことだけでなく、30年以上前の事柄に及ぶことも多々ある。

というのも、義母は嫁いだばかりのときから義祖母に厳しく叱咤されることが多く、あいさつの仕方や包丁の持ち方、服の洗い方など細かいことまで逐一口を出され、恨みを募らせていた。

義祖母は高齢であり、足腰も立たなくなっているが、義祖母方の親族は「義祖母の面倒は家でしっかり見るように」と義理の両親に伝えていた。義母は嫌悪感を抱きつつも、親族の意向には逆らえず、従うほかなかった。

そのような事情もあり、ミサキが義理の両親の家を訪れると、義母は機関銃のように愚痴や悪口をまくしたてる。そして最後には、「私の人生はいったい何だったの……。もう嫌だ、（義祖母には）早く死んでほしい……」と必ずもらすのだ。

その様子を見るたびにミサキは「いずれ自分もこのようなことを言う立場になるのだろうか。義祖母に対して〝死んでほしい〟と願う気持ちは分からないでもないが、それにしても……」とうつむき、返答に困ってしまうのであった。

Advice3 「死んでほしい」というのは表現方法の一つ。必ずしも〝死を願っている〟とは限りません。「死んでほしい」という言葉の奥に隠されている真実を見つけ出していきましょう。

義母の「(義祖母には)早く死んでほしい」という言葉を聞いたからといって、慌てて「そんなこと言っちゃだめよ！」などと相手を非難してはいけません。確かに、「死んでほしい」なんて言葉を耳にしたら驚いて、「もし本当に実行されたらどうしよう……」などと不安を感じる人も少なくないでしょう。

しかし「早く死んでほしい」という言葉は、その人が自分の気持ちを表すための表現方法の一つでしかありません。「死んでほしい」という義母の言葉の奥にあるものはいったい何なのか。過激な言葉に逐一反応するのではなく、**義母の悲しみや苦しさに寄り添ってあげましょう。**

あなた自身が本気で義母と義祖母の仲を改善したいと願っているのならば、二人の話にそっと耳を傾ける必要があります。義理の両親とその親ということで、自分の直接の家族ではない分、介入しづらい部分もあると思われます。しかし第三者だからこそ言える本音があるというのも事実でしょう。**義母と義祖母の仲を取りもちたいと思うのであれば、先**

入観をもたず、それぞれの話を傾聴することが大切です。誰にも言えないフラストレーションがたまってしまい、大きな事件に発展してしまうこともあります。義理の関係だからこそ、客観的に話が聴けることもあるでしょう。義理立てでもかまいませんので、声をかけて、話を聴いてあげることが、家族関係の悪化を防ぐ最大の方法かもしれません。

また、義母や義祖母の気持ちに寄り添うためにも、あなた自身が武装解除する必要もあります。話すとき、義母や義祖母ばかりが自分の気持ちを表出するのではなく、彼女たちの言葉を聴くあなた自身の気持ちも明らかにしてみましょう。

例えば、「私はお義母《かあ》さんが〝死んでほしい〟と言うたびに、万が一、この家で何かしらの事件が発生したら、と思うと夜も不安で眠れなくなる」と伝えたら、義母も気づき、「そうね、あなたの前で言うことじゃなかったわね」と自重するかもしれません。

また、「私はお義母さんがお義祖母《ばあ》さんの愚痴を言うたび、悲しくなってくる。私もお義母さんに色々なことを不満に思われているのではないか、という不安も感じるわ」などと言ったら、義母も何か感じるものがあるかもしれません。

義母と義祖母は長年の確執のなかで、自身で心に武装を施している可能性があります。まずあなたが心を開くことで、義母や義祖母の武装も解除され、気持ちを打ち明けやすくなるでしょう。

あなた自身が**自分の感情を受け止めること**。そして、そこから生み出された感情に対して責任をもつことで、「いつも〝死んでほしい〟なんて言葉を聞かされて、私自身も気持ちが落ち込んでしまう」といった被害者意識から抜け出せるでしょう。

Good example3

ミサキ：（義母の話を聴き終えたあとで）

「お義母さんが、お義祖母さんのことで大変苦労されたことは分かります。でも〝死んでほしい〟なんて言葉を聞いたら、もしこの家で何かしらの事件が発生したら、と思うと夜も不安で眠れなくなるわ」

義母：（ハッとした表情で）

「そうだね、ミサキさんはそういう気持ちになるかもしれないわね。でもね、〝死んでほしい〟と願うぐらい、つらい私の気持ちも理解してもらいたいの」

ミサキ：

「それはもちろん、理解していますよ。私もできる限りのことはしたいと思っているし。

子どもたちももう小学生だから、お義祖母さんのこともそれなりに分かっていると思うわ」

義母：

「そうだよね。孫たちのことも考えれば、何かしらの不安を与えるようなことは言わないほうがいいわよね。でもね、この気持ちだけは理解してもらいたいの。私はお義母さんの親族には色々言われているけれども、私なりに必死に努力し続けてきたのよ!!!」

Case4　デイケアサービスを拒否する夫。自宅介護に苦しむ妻は夫をどう説得すればいい？

フジコ（85歳）の夫・コウイチ（89歳）は、高血圧や慢性呼吸不全があり、要介護1と認定されている。コウイチは昔から自立心が強く、現役時代は会社の役員をするなど精力的に働いていた。現在も、要介護1でありながら「身の回りのことは自分で行いたい」と思いつつ、面倒な些事はすべてフジコに押し付けている。

しかしフジコも最近はめまいや腰痛、ひざの痛みなどが強く、コウイチの面倒を見るどころか、日中買い物に行くことや食事の支度を行うことすらもしんどいと感じている。そのようなフジコのことなどおかまいなしに、コウイチは「新聞をもってこい」「昨日、病院の薬が追加された。確認したいからもってこい」「お茶が飲みたい」「背中が痛むからシップを貼ってほしい」といった細かな要望を四六時中出してくる。最近は夜間にトイレに行く際も付き添いが必要で、深夜に起こされることもしばしばだった。

そんなコウイチの病状は悪化。室内を移動するだけでも呼吸が苦しいと言い出したので、娘のチカコと一緒にケアマネージャーに相談。結果、デイサービスを利用することになった。しかし昔からプライドが高く、他人の世話になるのが嫌なコウイチは、案の定「行きたくない」の一点張り。何とかなだめすかし、1回サービスを利用してみたものの、帰ってきて早々「もう二度と行きたくない」「妻がいるから家にいたい」「他人に口出しされるのはイヤだ」と文句を言い、ケアマネージャーや家族を困らせていた。

Advice4 問題解決をする前に、この問題をどうとらえるか。見方を変えることで、新たな局面に入る可能性があります。

フジコの現状はコウイチという外的環境に支配されている状態です。フジコは安心感や苦痛の回避をもたらすと信じて、コウイチがデイサービスを利用してくれることを望んでいます。安心や安全を確保したい、不快な状況から回避したいという思いが人々の原動力になっていることは言うまでもありません。

まずこの場合、フジコもコウイチも80代ということもあり、早急に第三者（特にケアマネージャーなどの医療職）や福祉の介入が必要です。

それを前提として、二人がより発展的なコミュニケーションをするには、自分たちが望まない最悪の状況や、逆に、お互いが心の奥底から望む状況とはどのようなものかを話し合うといいでしょう。コウイチとしては、夫婦一緒にいることが理想と考えているかもしれません。その場合、一人でデイサービスを利用することは拒否するかもしれませんが、フジコとともに何かしらの施設やサービスを利用するのであれば、もしかしたら態度が軟化するかもしれません。

ほか、**ケアマネージャーや家族の言うことは聞かなくても、第三者のアドバイスになら ば従うという例もあります**。私の知り合いの母親も「デイケアサービスには絶対に行きたくない」と言い張っていました。ケアマネージャーは家族のことも考えて親切心でアドバイスしているのですが、「あの人は自分の利益のために施設に入所しろと言っているのだ」なんて言い出す始末。家族は「そんなことはない」と何度もなだめますが、言うことを聞きません。しかし骨折で入院している間、相部屋だった人がデイケアサービスに通っていて、その人がすすめてくれたおかげで、頑なだった母親が態度を変えました。自分と同じような立場の人が推薦してくれたからこそ、母親の心も動いたのでしょう。その母親は、自分から「デイケアサービスに行ってみる」と言い出し、その後は施設内で友人もでき、積極的に参加するようになりました。

またなかには、マスコミ報道などを通じて、デイケアサービスに固定観念を抱いてしまっている人もいます。例えば、テレビでお年寄り同士が歌を歌ったり、折り紙を折ったりしている映像が流れていて、デイケアサービスとはそのような子どもの遊びをしなくてはならないといったイメージです。しかし、一口にデイケアサービスといえども、先述の通りさまざまな種類があり、身の回りのことをすべてケアしてくれる完全介護型もあれば、最低限のサービスを提供する自立型の介護施設もあります。

ただ「デイケアサービスに行くよ」と言うだけではなく、その施設はどのような特徴をもっているのか、入所するとどのようなメリットがあるのか、ほかにはどのような施設があるかなどをしっかり説明することで、入所する本人の気持ちを和らげられる可能性があります。これはケアマネージャーがプロですので、納得いくまで色々と質問してみるのがいいでしょう。

夫の問題ととらえがちですが、これはあなた自身の問題でもあります。二人で話し合い、すれ違いがあれば調整できる共通項がないか探しましょう。二人のゴールが大きく異なっていれば、なぜそのビジョンが自分にとって重要なのかを説明し、同じように相手にもなぜそのゴールが大切なのかを聞いてみることが大事です。

これは、あなたの**考えを押し付けるための議論ではありません。**対話を重ねることで、お互いに自分が望むものを明確にし、共通のビジョンにたどり着くための方策となります。

Good example4

フジコ：

「私の身体の状態も悪いし、お願いだから、週に1回だけでもいいからデイサービスを利用してくれないかしら。家にこもりっきりよりも、外の空気を吸ったほうがあなたにとってもいいはずよ」

コウイチ：

「うるさい!!! 行かないと決めたからもう行かないんだ!!!」

フジコ：
「でも、このままでは私たちは共倒れよ。私は自分が倒れて、お父さんが途方に暮れてしまうと思うと心苦しいわ……」

コウイチ：
「……」

フジコ：
「それにできれば私はチカコにも安心してもらいたい。チカコも仕事があるからしょっちゅう私たちの面倒を見られるわけではないし、あなたの様子を見て『お父さんに何かあったらどうしよう』と不安がっていたわ。チカコの気持ちも少しは考えてあげて」

コウイチ：
「……チカコの世話になるつもりはない」

フジコ：
「じゃあ、どうするつもりなの？　あなたにとってベストな状態を教えて。そして現状と比較して、今からできることを少しずつやっていきましょうよ」

コウイチ：
「……あそこはいやだが、ほかのところだったら見学だけしてやってもいい」

フジコ：
「本当に？　ありがとう。前回は嫌がるあなたを無理やり連れて行ってしまったところがあるから、あなたに合わなかったかもしれないわね。今度は複数箇所一緒に見て回って、あなたにとって一番良さそうな選択をしましょう」

Case5　どちらが高齢の母親の介護を負担すべきか悩む姉妹のとるべき行動とは？

夫は他界してしまったものの、ツネヨ（92歳）は今まで大病もせず、身の回りのことは一通り自分でできていた。しかしひざの痛みが激しくなってから、曲がっていた腰の痛みも増してきて、一人暮らしが難しくなってきた。

ツネヨにはマサミとナナコという2人の娘がいる。二人とも60代で、マサミは認知症の夫の介護、ナナコは仕事をしながら舅《しゅうと》の介護と、それぞれ介護に追われていた。

要介護1となったツネヨは娘たちと相談し、都市部の有料介護付きアパートへ引っ越すことに。2軒のアパートが候補に挙がり、一つはマサミの家の、もう一つはナナコの家の近所にあった。

お互いにすでに介護負担があるので、できれば自宅に近いほうのアパートで面倒を見たいと考えている。姉妹の家は都市部の端と端にあり、行き来するのに電車とバスを使って1時間以上かかった。

「早く決めなくてはならない」と思いつつも、どちらか片方に介護負担が片寄ってしまうことを二人とも懸念している。

ツネヨは「あんたたちが良いというところならばどこでもいい」と言いながらも、イライラしている様子。そんなツネヨの態度に「あなたのために悩んでいるのに」と姉妹も憤りを感じはじめている。

Advice5　まずお互いに自分の心の奥底にある感情を素直に吐き出しましょう。そして不安を感じているときは、はっきり相手に伝える。そうであっても平行線をたどるようであれば、第三者に相談し、決めてもらうのも一つの方法です。

まず同じようなシチュエーション下において、してはならないことは、**「自分のほうが大変」「私のほうが苦しんでいる」と言って、責任逃れをしようとすること**です。このような、**「私のほうが被害者」といった態度は、対立を激化させる**可能性が高まります。「自分のことばかり考えていて、相手を愛していない」と思われかねません。そう思われてしまうと、相手は防衛的になったり、言い訳を始めたりするようになってきます。

もし相手が「私のほうが大変なのだから」といったメッセージを盛んに発するようになり、**自分の意見が聞き入れられないと感じられたら、率直に自分の思いや感情を伝えていきましょう。**

それでも「私にはできない」といったことを繰り返すようであれば、時間を置くのもいいと思います。「今は私の話を聞き入れられる状態ではなさそうだから、今日はここでいったんおしまいにしましょう」と穏やかに伝え、さりげなく会話を終わらせます。

マサミとナナコの場合、二人ともすでに介護を行っているため、お互いに相手に「母の介護」という大きな負担を押し付けることになるのではないか、という心配が頭をよぎり、なかなか決断できないようです。しかし、もし少しでも「本当に私にできるだろうか……」という不安がある場合は、それを率直に相手に伝える必要があります。「面倒を押し付けることになりかねないか」と心配になるかもしれませんが、**弱さや本音をさらけ出すことは、私たちの本当の人間らしさを相手に見せることにつながります**。不安や臆する心などを見せることは、親密な関係に近づくための出発点です。「申し訳ない」という気持ちが募ったとしても、必ずしも亀裂を生み出すきっかけになるとは限らないので、のちのトラブルを回避するためにも、最初に伝えておきましょう。

お互いに本音をさらけ出して、話し合っても決着がつかない場合は、できるだけ早く自分たちの現状を適切な第三者に聞いてもらいます。これ以上、当事者同士で話し合っても、堂々巡りするばかりです。第三者に客観的な判断を仰ぐことで、自身の生活に与える影響を少なくできたり、新たな選択肢が見つかったりする可能性もあります。

話し合いが長期化するにあたって、新たな不満が醸成され、軋轢《あつれき》が生じてしまう可能性もあります。できるだけ自らの意図を明確にし、不安に感じる点があったら、それらも躊《ちゅう》躇《ちょ》なくオープンにし、**早めの解決を目指していきましょう。**

Good example5

マサミ：
「お母さんの介護付きアパートの件、どうする？」

ナナコ：
「私の家とお姉ちゃんの家は離れているものね。どちらかのアパートに決めたら、片方の介護の負担が重くなるよね……」

マサミ：
「でも、それは仕方がないことよ。お互いに協力して、やっていくしかないわ」

ナナコ：
「そうよね……。できれば、うちの近所のアパートに引っ越してもらえれば、かかりつけ医の定期診察の付き添いも、お母さんの家に定期的に顔を出すことも楽なんだけど……。

でも、それはお姉ちゃんも同じだものね」

マサミ：
「そうね。でも、不安なことがあれば何でも言ってくれてかまわないわ。今遠慮して言わなかったことが、のちの火種になってしまうと困るから」

ナナコ：
「そう……。絶対とは言わないけれども、できればうちの近所のアパートに引っ越してきてもらえるとうれしいな。やっぱりお舅さんは良い人だけれども、長い間、面倒を見ていると色々とストレスもたまるし……。お母さんの様子を見に行くついでに、少しの間だけでも、お舅さんの介護から解放されると思うと、ちょっとホッとできるというか……」

マサミ：
「そうだよね。同じ介護といっても、やっぱり夫とお舅さんじゃ違うものね」

ナナコ：

「イヤ、お姉ちゃんも旦那さんの介護が大変なのはよく分かっているんだよ。でも、もしそうなったらうれしいな、と思って」

マサミ：
「どちらかに決めなくちゃならないことだもの。それじゃぁ、ナナコの家の近くのアパートに引っ越してもらおう。その代わり、私はちょくちょくお母さんに会いに行くことはできなくなるけれども、それでいい？」

ナナコ：
「もちろん！　意見を受け入れてくれてありがとう」

Case6　「私の介護はお願いね」と義母に言われた長男の嫁はどう返答すべき？

カズコは夫と3人の子どもたちとともに義理の両親の近所で暮らしている。義父母はともに健康で、足腰を鍛えるために日々スポーツジムに通うほど元気だ。

夫のシンゴは帰宅時間が遅く、カズコも管理職に昇進したこともあり、残業の多い毎日を送っていた。そのため、子どもたちの塾や習い事の送り迎えや、まだ保育園児の末っ子が熱を出したときは、病児保育（注：突発的な風邪などで保育所が預かることのできない子どもを預かる施設・サービス）の利用時間を待っていては始業に間に合わないため、義理の両親に対応してもらっていた。義理の両親の存在にはカズコもシンゴも感謝しており、長男であるシンゴはいずれ実家の家や墓を継ぐつもりである。

そのようなか、ある日、義母が「私の老後の面倒はカズコさんが見てね、お願いよ」と話し、突然のことに、カズコは上手く返答できずにいた。シンゴに相談するも「いずれ家を継ぐことになるし、介護の問題は当然出てくるだろう」と特に気にする風でもない様子。

長男の嫁でもあるし、仕方のないことかもしれないが、カズコはある日、突然、人生の道筋が決まってしまい、足枷《あしかせ》をはめられたような気がしてならなかった。仕事で忙しいなか、子どもたちのことで多分にお世話になっている恩返しとして、しなくてはならないのだろうか？　しかし仕事を辞めてしまったら、生活が成り立たない。

なんと返事をすべきか、カズコは悩みはじめてしまった。

Advice6　まずはありのままの自分の状態を確かめてみましょう。夫との意見の対立につながりそうであったら、なぜ自分がそのような感情を抱いているのかを話してみましょう。

まず「介護はお願いね」と言われたときの、率直な気持ちを感じてみましょう。嫌悪感、面倒くさい、負担が大きい、自分にできるかどうか分からない……。色々な思いがないまぜになっていると思います。その気持ちを、可能であれば義母に話してみましょう。義母は「長男の嫁だし、義理の親の介護をするのは当然」と思っているかもしれません。もしかしたら、断られることなど頭の片隅にもないかもしれません。しかし現代社会では、その旧弊な考えにカズコのように違和感や不満をもつ人も多いと思います。「なぜ私が？長男の嫁というだけで??」という気持ちになるのもうなずけます。

しかし、もしその思いを端的に義母に伝えてしまったら、義母は怒り、悲しむ可能性もあります。「私はこんなに育児を助けてやったのに！　なんて恩知らずの嫁なんだ！」と悲嘆にくれることだってありえます。

そうならないためにも、**義母の感情や心の奥底にある深い問題を理解し、怒る様子を見せたら、なぜそのような態度を表すのか知る必要があります。**

そして自らの意思とは異なる意見を出してきた義母に対しても、**人として結び付き、思いやりを育むことが大事**です。

「自分にとって不愉快なことを言ってくる＝あなたの敵」とは限りません。

なぜ義母がそのようなことを言ったのか。直接たずねることが難しいのであれば、夫などに協力してもらい、発言の意図を確認しましょう。すぐに答えを手に入れることができなかったら、「いつでも私は受け入れます」といったオープンな様子で辛抱強く待ち続ける必要があります。

「義理の両親の介護をしたくない」など夫にとってネガティブな意見を伝えなくてはならないときは、義母の前に、夫があなたに対して「不誠実だ」と怒りを覚えるかもしれません。

そのようなときも、**なぜ夫が怒りを覚えているのかをたずね、夫の話をしっかり聴こうという姿勢で話を引き出しましょう。**話を続けていくうちに、相手の真意が理解できるようになってくるかもしれません。

この事例の場合、まだ義理の両親の介護が今すぐ必要というわけではありませんので、気持ちが受け入れられなかったからといって、すぐ怒りの感情をあらわにするのは得策ではありません。ほとんど介護の必要もなく、ある日、突然、ピンピンコロリと最期を迎える可能性もあります。そのため、長期間の話し合いを前提に冷静に事を進めることをおすすめします。

義理の両親だって、「何かあったときには助けてもらいたい」という気持ちはあると思いますが、「積極的に介護を受けたい」と思っているわけではないはず。人間誰もが最期のときまで元気に自分の力で生きていきたいと願っているものです。

「誰が介護をするか？」ではなく、**「義理の両親にとって理想の最期とはどのようなものか」といったことを家族全員で話し合うことで、自然と介護の在り方が見えてくるケースもあるでしょう。**

また夫が協力してくれたときは、たとえ些細なことであっても「ありがとう」と感謝の気持ちを伝え、「あなたのおかげで助かったわ」と褒めるようにしましょう。夫婦関係は、「あなたに特別な気持ちを抱いている」といったことを伝えることで、良好な関係が長続きしやすくなります。感謝の気持ちは夫に限らず、誰に対しても声に出して伝えると効果的です。

Good example6

カズコ：
「今日、お義母さんに、『私の老後の面倒はカズコさんが見てね、お願いよ』と言われてしまったんだけど、あなたはどう思う？」

シンゴ：
「そりゃあ、俺が家も継ぐし、仕方がないんじゃないの？　面倒見てやってよ」
カズコ：
「あなたはそう思うかもしれないけれども、私は今、すごく不安な気持ちなの。何だか自分の人生がある日、突然決められちゃった気がして。長男の嫁だからって、義理の両親の介護をすることになるだなんて思わなかったから」
シンゴ：
「じゃあ、やらないっていうのか？　あんなに子どもたちのことでもお世話になっているのに？」
カズコ：
「お義母さんが嫌いというわけじゃないのよ。でも私は今、仕事も子育ても頑張っているわけじゃない。そのうえ、介護もするだなんて……。私一人でできるか不安だわ」

シンゴ：
「その頃には、子どもも大きくなっているし何とかなるだろう。俺だってできることはするし……」

カズコ：
「できることはするって言われたって、子育てだって毎日帰宅が遅くてほとんどできていないじゃない。ねぇ、イヤなわけじゃないけれども、お義母さんに私が自分一人で介護できる自信がないと思っていること伝えてくれないかしら？　この不安な気持ちを感じてもらえるだけでも今はいいの」

シンゴ：
「分かったよ。でも、やりたくないってわけじゃないだろ？」

カズコ：
「うん、まぁ……。一応はそのつもりだけれども、これから人生何が起こるか分からないから何とも言えないわ。それにお義母さんたちだって最後まで介護を受けることなく元気に生きたいと願っているはずよ。介護よりも、そのためのお手伝いを私はしたいわ」

シンゴ：

「確かにそうだな。まだ先の話だし、とりあえず、おふくろにはカズコに介護の話をしたみたいだけれども、気にしているみたいだから、あんまり言わないでやってくれって伝えておくよ。介護に限らず、両親も高齢だから、これからのことを1回みんなで話し合ってみるべきかもしれないな」

カズコ：

「そうよ。これは私たちだけの問題じゃないんだから。ご両親には、ぜひそう伝えてみて。お願いよ」

シンゴ：

「分かったよ」

カズコ：「ありがとう！　あなたがいると心強いわ。頼りになる人と結婚して本当によかったと思うわ」

Case7　実母に「あなたが嫌い」と言われた長男は実母の介護負担を引き受けるべき？

カツアキ（50歳）の母であるマスミ（74歳）は昔から気が強く、近所でも評判の教育に熱心な人であった。きょうだいはカツアキのほかに、妹のトモミ（48歳）、弟のトシアキ（46歳）がいる。

マスミは特に長男であるカツアキに対して期待を抱いており、ピアノや水泳、英会話、幼児塾などさまざまな習い事に通わせていた。父も初めての子どもであるカツアキは特別気にかけ、幼少時は付きっ切りで勉強に付き合うほどだった。

しかし当のカツアキ自身はそのような両親の対応を好ましく思っておらず、特に母のマスミに対しては、あいさつの仕方や勉強態度、テストの点数、テレビを見る時間まで事細かく小言を言われ、煩《わずら》わしさと不満を感じていた。

しかしトモミやトシアキからしてみれば、長男であるカツアキは両親にとっての秘蔵っ子のような存在で、「私たちはほったらかしで、兄だけ両親に手をかけられて育てられている」という印象が強かった。

現在、カツアキは両親と敷地内同居をしており、トモミとトシアキは市外に住居を構えている。

そんななか、マスミが大腿骨《だいたいこつ》を骨折。さらに昔から悪かった変形性膝《ひざ》関節症が悪化してきて、同居しているカツアキ一家を頼ることが多くなってきた。

しかし思春期以降、性格や価値観の不一致からケンカが絶えなかったマスミに対して、カツアキはなかなか素直に対応することができない。また、父も最近は昔よりも思い通りに身体が利かなくなり、カツアキに対してあれこれ頼みごとをすることが多くなってきた。カツアキにとって、父は怖い存在で、今も逆らうことができない。

心理的に反発したい気持ちを抑えて「長男だから」「家族だから」とできる限り、両親の要望に応えてきたカツアキだが、ある日、ちょっとしたミスが発覚し、マスミを激怒させてしまう。そのときマスミはためていた不満をさらけ出すかのように「私はあなたが嫌い！」「こんなに手間暇かけて育てたのに、あなたは出来損ないだ」と悪態をついた。思わぬ母の本音を聞き、カツアキはこらえきれないほどの大きなショックを受ける。

「もう、こんな家は出て行ってやる!!」という思いを抱きながらも、年老いた両親を見捨てることはできない。しかし母の本音を耳にしてしまった今、憎悪の気持ちは抑制できず、介護などもってのほかという気持ちである。

トモミやトシアキに相談しても「兄さんは今まで特別可愛がられてきたのだから、責任を全うすべきだ」と言われるであろうことは容易に想像できる。

長男として、どのように心に折り合いをつけて、両親に接するべきか。

カツアキは悩み続けている。

Advice7　母との直接の対応が難しい場合は、ほかの家族とまずはコンタクトをとってみましょう。ほかの家族との関係性が良好になることで、母との関係性にも一縷《いちる》の光が見えてくるかもしれません。

たとえ血縁関係であっても、**安心、信頼、親密性などがなければ、良好な人間関係を結ぶことはできません。**両親としては「よかれ」と思って行ってきたことでも、子どもからしてみれば「親のせいで自分はこうなってしまった」と感じることはよくあることです。厳しく口出しする母に対して、カツアキは精神的虐待を受けてきたような思いを感じているのでしょう。マスミも、ほかの子どもたちより手をかけてきた長男が思い通りに育たず、積もる思いがあったことがうかがえます。ここはまず、**お互いに積年の武装を解除する必要があります。**

ただしカツアキが武装を解除して、母に語りかけても、マスミ側は手厳しい対応を取るかもしれません。そのため、直接暴言を受けた母からではなく、**ほかにも対立関係にある父や妹、弟など比較的武装を解除しやすい人たちから関係性を改善していくというのも一つの方法です。**

母と直接語り合わなくとも、ほかの家族との心の警戒を解いていくことで、母との関係性にも影響を与えるかもしれません。

「親の介護」というと〝誰が対応するか〟など面倒や負担の押し付け合いになりがちですが、それよりも**きょうだい一人ひとりが両親とどのような最期を迎えたいのか**を考えることが大切です。わだかまりがあったとしても家族は特別な関係で、なかなか縁を切ることはできません。「私は関係ない」と押し通すよりも、両親や自分たちにとって〝理想的な最期〟とはいったい何か。家族全員で話し合い、そのゴールに向かって歩みはじめられるようになったほうが良好な関係が築けると思われます。
　家族という切っても切れない関係性だからこそ困難を伴うことは想像に難くありません。しかし、愛情をもって接することで、理想的な関係を再構築できる可能性も残されています。

Good example7

カツアキ：
「急に電話をして申し訳ない……」

トモミ：
「兄さん、急にどうしたの？　電話なんて、珍しいわね」

カツアキ：
「ちょっと母さんとのことで相談したくて。話を聴いてもらってもいいかな？」

トモミ：
「別に良いけれども、お母さんやお父さんのことは兄さんに任せているはずよ。家だってお母さんたちに敷地を分けてもらって建てているわけだし、兄さんは頭金だって援助してもらっているんだから」

カツアキ：
「金はもう返済したよ。あのさ……（先日、マスミに言われた本音について詳しく語る）」

トモミ：
「え？　お母さんが!?　信じられない……!!　だってお母さんはいつも何かあったら『カツアキ、カツアキ』って兄さんのことを可愛がってきたのに……」

カツアキ：
「俺もトモミやトシアキがそう感じていることは十分分かっていたし、長男だから、両親のことは自分が引き受けていこうと思っていたよ……。でも突然こんな本音をぶちまけられて、俺も心の整理ができない。母親に対しての憎悪が抑えきれないんだ」

トモミ：

「兄さん、早まらないで！　兄さんの気持ちは分かったから。私も急なことでちょっと混乱しているけれども分かったわ。今度、トシアキも入れて三人で今後のことを話し合いましょう」

カツアキ：

「ありがとう。そう言ってもらえると、少しだけど心が軽くなった気分だよ。

俺が長男で責任をもたなくちゃいけない立場ということは分かっているけれども、母さんはきっと家族全員と幸せな最期を迎えたいと願っていると思うんだ。だから、トモミやトシアキも力を貸してくれると助かるよ」

トモミ：

「うん、分かったわ。とりあえず、今度3人で話し合ってみましょう」

Case8　実家と義実家両方の両親の介護をしないといけない娘はどう対応すべき？

トウコ（50歳）は東京で暮らしている。両親は秋田におり、一人っ子であるトウコが東京に嫁いだため夫婦二人で暮らしている。

最近、突如ケアマネージャーと名乗る人物から「あなたのご両親は双方に認知症の症状がある」と告げられ、驚くよりほかなかった。今すぐ両親のもとに飛んで帰りたい気持ちだが、現在、トウコは認知症の義父と、足腰が弱く透析も行っている義母の介護があり、仕事も辞めていた。夫は会社で役職がついており日々忙しく、2人の子どもたちはともに高校受験と大学受験を控えている。

兄弟がいれば任せることもできるが、一人っ子のトウコにはそれができない。夫の兄弟に義父母の介護を担ってもらえないか相談したい気持ちもあるが、夫の兄弟も、同様に忙しく働いている。義父母の両親の介護負担は日々増えるばかりで、今後を考えると鬱々としてしまう。

遠方に住む自分の両親と義理の両親、両方の面倒を見ることができない今、トウコは自分がどのように立ち回るべきなのか、考えがまとまらず苛立ちを募らせている。

Advice8　まず自らの問題、感情、ニーズを把握する。そして相手に対する気遣いを見せながら、打開のための一歩を踏み出しましょう。

まず現時点のトウコの**問題と感情、ニーズを整理**しましょう。

トウコの問題は「自分の両親の介護を誰がするのか？（自分または施設への入所などが考えられる）」「義理の両親の介護を誰がするのか？（自分または夫、または夫の兄夫婦、施設への入所などが考えられる）」があります。

次にトウコの感情を整理します。トウコの感情としては「自分の両親の介護は自分がすべきではないか（または自分で行いたい）」「義理の両親の介護も自分がやらざるをえない」「夫や義理の兄夫婦には迷惑をかけられない」「義理の両親の介護負担にストレスを感じている」があると推測できます。

トウコは一人っ子であるがゆえ、自分の両親の問題は自分が解決したい（または解決しなくてはならない）という気持ちがおそらく一番強いであろうことがうかがえます。

そして、義理の両親の介護の負担は増しており、ストレスを感じていることから、できれば夫や夫の兄夫婦に任せたり、施設に入所してもらったりということができればと感じているのではないでしょうか。

しかしトウコは性格上、そのことを告げてしまうと、夫や夫の兄夫婦に迷惑をかけてしまうのではないか、関係性を悪化させてしまうのではないか、といった不安を抱えているようです。

トウコのような女性は特に日本人には多いかもしれません。しかし一人ですべての介護負担を負うわけにはいきません。できれば勇気を出して、夫や夫の兄夫婦などに現状を打ち明けるのがいいと思います。

なかには、配偶者が突如実家に帰ることにいい顔をしない人もいるでしょう。生活がある日、突然変わってしまうのだから仕方のないことかもしれません。今まで任せっきりにしていた家事の負担などが自分にのしかかってくると感じたら「そんなに付きっ切りで行く必要はあるの?」「施設に入所してもらうわけにはいかないの?」などと思わず口にしてしまうこともあるでしょう。

あなたにとっては大事な両親だから帰省することは当然かもしれませんが、**誰もが同じように考えるわけではありません。そのような思い込みが、軋轢を生み出す可能性もあります。**先方も突然、介護負担が生じたら、今まで通りの生活を送ることは困難になるはずです。相手に対する気遣いを見せながら、現状を打破するための行動をとることが問題解決の第一歩になると考えられます。

Good example8

トウコ：（気まずそうな表情をしながら）
「あなた、大変なことが起きてしまったの。相談に乗ってくれないかしら……」

夫：
「何だい？　急に？　明日も早いから、できれば手短に済ませてほしいな」

トウコ：（少し顔をうつむかせながら）
「分かった。手短に話すわ。実は、私の両親、両方に認知症の症状があるとケアマネージャーの方から電話があったの」

夫：（驚きながら）
「え、ご両親ともお元気そうだったじゃないか。急に、なぜそんなことが……」

トウコ：「元気といっても、あなたが最後に会ったのはもう6年も前のことでしょ。あなたの両親の介護もあるし、今年は子どもたちの受験もあるから、私は今すぐ秋田に行くのは難しいと思っているの。でも一人っ子の私が介護をしなくては、いったい誰が私の両親の面倒を見てくれるの、と私は今、混乱しているの」

夫：「そりゃそうだ。誰だって自分の両親を大切に思うのは当然だ。でも、そんな付きっ切りで君が面倒を見る必要はあるのかな？　うちの両親のこともあるし、できれば東京にとどまっていてほしいんだけれども……」

トウコ：（予想外の言葉に少し驚きながらも、努めて平静を装いながら）「そうよね。でも、できれば症状が進行する前に、顔を見せてあげたいわ。そして可能であれば近くにいて世話をしてあげたい……」

夫：（表情を曇らせながら）

「分かった。今日は急な話だったから、今すぐどうこうはできないけれども、まず週末にじっくり話し合えるよう時間をとるようにするよ。それに俺の両親の介護負担も問題になってくるから、兄にも相談できるよう時間をとってもらうよ」

トウコ：

「ありがとう。色々迷惑をかけてしまってごめんなさいね……」

夫：

「仕方がないさ。仕事や僕の両親の介護のことなど問題も多いが、君のご両親のことだものの、ほったらかしにすることもできない。まずは何をすべきか、全員で話し合ってみよう」

Case9　発達障害の兄と高齢の両親、すべての世話を一人でせねばならない弟は今何をすべき？

コウジロウ(47歳)は高齢の両親と、幼少期に自閉症スペクトラムと診断された兄・セイイチロウ(53歳)と実家で暮らしている。二人とも独身である。

セイイチロウは養護学校卒業後、実家から自立支援の作業所へ通所。対人交流障害があり、人との関わりを極力避ける傾向がある。

母がセイイチロウの面倒を見てきていたが、最近、父が認知症と診断された。セイイチロウの世話に加えて、父のことも見なくてはならなかった母ももう80代。リウマチがひどく、朝も手がこわばり、最近はコウジロウが家事を担うことも多くなった。

コウジロウは日中は仕事に行っており、帰ってからは父と兄の面倒を見て、母の家事の手伝いもする。現時点で特に大きな問題は発生していないが、両親や兄、そして自分も年をとって身体が弱くなっていくことを考えると、不安で眠れなくなることも増えてきた。自分の時間もほとんどなく、趣味を楽しむ余裕もない。両親の親兄弟はすでに他界しており、頼れる親族もいない状態である。

現状の深刻さを理解せず、不適切な発言をする兄に苛立ちを覚え、つい冷たい態度を取ってしまうこともある。この不安やストレスを誰にぶつければいいのか。コウジロウは今も不安な毎日を送っている。

Advice9　まずは一人で抱え込まず、誰かに相談して。今の時代、インターネットやSNSを通じて、同様の状況に陥っている人は簡単に見つけ出せます。

これは今後、日本の各地で噴出するであろう問題だと予想されています。

まずコウジロウは自分一人の世界に閉じこもるのではなく、早急に自分と同じ立場の人たちとつながり、支援の輪のなかに入るべきです。今の時代、インターネットやSNSを通じて、簡単に同じ立場、状況の人たちとつながることができます。サポートを受けることで「自分は一人ではない」と強く認識することができ、気持ちも新たに前向きになることができるでしょう。

コウジロウが抱えている問題は、現在、彼一人が直面している事態ではありません。同じ趣味の人を見つけるような感覚で、支援団体などにアクセスしてみてください。解決の糸口が見つかると思われます。

障害者支援は自治体によってもサービスの内容などに差があります。そのため、まずは市区町村のホームページや社会福祉協議会のホームページなどを確認することをおすすめします。

全国社会福祉協議会ホームページ：https://www.shakyo.or.jp/

Good example9

コウジロウ：（インターネットで見つけた支援団体に電話をかける）
「すみません、インターネットでサイトを拝見したのですが。実は折り入って相談がありまして。お時間よろしいでしょうか？」

支援団体の代表者：
「はい、大丈夫です。ぜひ何でも遠慮なくお話しください」

コウジロウ：
「実は、私は47歳なんですけれども、53歳の兄がいます。兄は幼少期に自閉症スペクトラムと診断されて、現在も作業所に通っており、だいたいのことは一人でできますが、対人交流障害があり、人と目を合わせることができません。日常生活を送るうえでも、難しい手続きややり取りは私が代わりに行っています。

今までは両親が兄の面倒を見てくれていましたが、父も認知症と診断され、80代の母も身体の節々が悪く、家事をするだけで精いっぱいの状態です。今はまだ特に大きな問題は発生していませんが、今後何か起こるのではないかと思うと、夜も眠れず……。現在も自分の時間はほとんどありません」

支援団体の代表者：

「大変ですね。お一人でよく今まで色々なことを頑張ってこられたと思います。私たちの支援団体にも、同じような状況下に置かれている方はたくさん在籍しています。支援やアドバイスを受けたことで、施設に入所することができたり、自立支援を受けたりすることができた方も大勢いらっしゃいます。ぜひ一度事務所にお越しください。もう少し現状を詳しくお聞かせ願えればと思います」

コウジロウ：

「ありがとうございます。力になってくださる方がいると思うだけでも、心強いです。来週の週末にでもうかがえればと思います」

Case10　高齢の両親の介護を一人で行う妹。何もしない姉にどう接すればいい？

リエ（52歳）は独身で市内で派遣社員として勤務している。しかし外資系会社員として世界中を飛び回っている姉のカナ（55歳）と比べられるのが嫌で、両親には「正社員である」と伝えている。

リエの父（78歳）は慢性閉塞《へいそく》性肺疾患（COPD）のため、在宅酸素療法を受けている。母（75歳）は昨年、子宮体がんが見つかり、手術後に抗がん剤治療を行い、現在は経過観察中。リエは実家の近くにマンションを購入し、この間ローンを払い終えたところである。

最近、父は酸素の必要量が増えて、家のなかを動くのも苦しそうな様子。母も化学療法の副作用が続いており、最近は落ち着いてきたものの、家事はつらそうなため、リエが毎日実家に手伝いに行っている。「会社は大丈夫なの？」と聞かれ、「大丈夫」と答えているが、実は先日、派遣切りにあってしまった。両親を安心させるため、職安に通っていることは秘密にしている。現在、失業保険をもらっているため生計は立てられているものの、自分の不甲斐なさに対して不安や怒りが募る一方である。

そんなリエに対して、姉のカナは優秀で、外国人の夫とハーフの子どもと幸せそうな生活を送っている。年に一度、帰省するたび、両親に孫の姿を見せ、「あとはお願いね。両親の近くにはあなたしかいないのだから」とリエに言い残して、また国外へと帰ってゆく。

そのたびに、幸せで何不自由ない生活を送っている姉に対する嫉妬と、両親の現状を知りながら、すべて妹に任せる無責任さにリエは怒りを覚えている。そうは思いながらも、仕事に勤しむ姉を国内に引き留めることはできず、両親に「日中は仕事があるから」と言って、マンションに帰る日々を送っている。

Advice10　自分と相手を武装解除することで、対立の火種を友好関係の構築のためのチャンスに変えられるかもしれません。自分の本当の思いを、相手に対する敬意を忘れずに伝えれば、いい結果が訪れる可能性があります。

リエはなぜ今姉に対して感じている思いを相手にぶつけないのか。それはリエ自身が、姉や両親との現在の関係性を壊したくないと考えていることが大きいからでしょう。

もし自分が現状に対する不満や愚痴を吐き出し、姉を批判し、責めさいなむことになったら、現在の表面的な良好な関係は終わってしまう。そのような恐れがあるから、リエは一歩踏み出して自分の意思を表明することができないのでしょう。

しかし自分の本来の意志や思いを述べたからといって、必ずしも相手との関係性が悪化するわけではありません。相手に対して敬意を払い、対話のドアを開くような話し方をすれば、たとえ不本意な内容であっても、きっと相手も耳を傾けてくれるはずです。

自分が感じている不安や思いを心を開いて打ち明ければ、思わぬいい結果が訪れるかもしれません。これは対立をチャンスに変える絶好の機会です。

Good example10

リエ：

「カナ、ちょっと話があるんだけどいいかしら」

カナ：（ちょっと不審げな表情で）

「何急に？　どうしたの？」

リエ：（言いづらそうに口ごもりながら）

「両親の介護の件なんだけど……」

カナ：（リエの言葉をさえぎって）

「ああ、それはあなたに任せたと言っているでしょ。私たちは海外に行かなくちゃならないから、そう易々と親の面倒を見ることはできないのよ」

リエ：

「それは分かっている。それを踏まえたうえでの相談なの。実は私、先日、あ、お父さんとお母さんには言わないでね、派遣切りにあってしまって……」

カナ：（絶句した様子で）

「派遣切り……。ということは、あんた今無職なの？」

リエ：

「恥ずかしながらそうなの。でもこの年で職を探そうと思ってもなかなか見つからなくて……。将来のことを考えると不安で仕方がないわ」

カナ：「でも、その分、両親の介護には時間を割けるんじゃないの。だって昼間、空いているんでしょ？」

リエ：「昼間は職安に通っているんだけれどもね。それに、両親にはまだ内緒にしているの。余計な心配をかけたくないから……」

カナ：（不安げな表情で）「といっても、いつまでも黙っているわけにはいかないでしょ？　これからどうするつもりなの？　仕事もそれ以外のことも……」

リエ：「私自身もどうすればいいか分からず戸惑っているの。これからどうしよう、どうやって生きていこうって。カナと違って私にはスキルも実績も何もないから」

カナ：
「そんなことないわよ。両親だって、あなたは小さい頃から優しくていい子だと言っていたじゃない。私もそう思うわ。ガサツな私に比べて、あなたは細かいことにまでよく気づくし、相手を傷つけない話し方をするから友達も多かったじゃない」

リエ：
「そんなことないわ。今だってそんな仲のいい友達はいないし、カナのように頼れる配偶者もいない。自分の人生に自信がもてなくて、毎日がつらいの。カナみたいに、私も自分に自信をもって、イキイキとした人生を送りたかったわ……」

カナ：
「そんなことないわよ。あなただってとても優しくて素敵な人よ。そんな自分を卑下《ひげ》することはないわ。分かったわ、あなたが生活に困窮していることもよく理解できたから、ここはいったん私に任せて。

両親のことも夫に相談して、良い施設やヘルパーがいないか探してみるわ。あなたの仕事も、もしかしたら日本の友達が助けてくれるかもしれない。

苦しい胸の内を素直に打ち明けてくれてありがとう。あなたがそんなに困っているとは知らなかったわ。私は海外で生活しているというと聞こえがいいけれども、やっぱり夫も含め外国の人は文化や生活習慣が違うからストレスがたまることが多くて。つい『私はこんなに頑張っているんだから、両親のことぐらいリエに任せてもいいわよね』という甘えがあったことを認めるわ。

ごめんね、あなたがそんなに思い詰めているなんてこと知らなかったの。

私たちたった2人しかいない姉妹じゃないの。せっかくなんだから、手を取り合って協力して生きていきましょう。

これからも困ったことがあったら、遠慮なく言ってね」

リエ：

「カナありがとう。カナに相談して本当によかったと思っているわ」

第4章

恋愛・仕事・家庭内の対立の解消

第2章で述べた、10のCPR for Relationships（人間関係のための救急蘇生法）は介護に限らず、恋愛・仕事・家庭内などさまざまな対立の解消に効果的です。

ここでは介護に限らず、10のＣＰＲを駆使した恋愛・仕事・家庭内の対立解消の事例を紹介します。

恋愛編

Case1　セックスレスの夫婦。二人の会話を復活させるには？

妻のヒカリ（32）と夫のタケシ（36）は結婚して3年になる。二人とも多忙で責任の重い仕事をもっていて、疲れて帰宅しても仕事のことでまだ頭がいっぱい。この一年お互いの会話も減ってきた。タケシはまだセックスを求めているが、ヒカリは義務としてセックスをしている。ヒカリはセックスに楽しさを感じないので彼に早く終わらせてほしいと思っている。

しかし彼女の関心のなさにタケシは苛立っている。ヒカリはストレスを感じつつも自分を押し殺して、「次回はもっと努力する」とタケシに伝えるがいつも結果は同じ。

ヒカリは、今でもタケシを愛しているが、多忙な毎日のなかセックスをする時間があれば、1時間でも眠りたいという気持ちをもっている。しかし、毎回タケシの気持ちに応えられない自分に罪悪感も覚えている。

このようなすれ違いから徐々にお互い、言いたいことを言いづらくなり、ますます仕事にのめりこむように。その結果、夫婦関係は破綻の一歩手前のところまできている。

Advice1　夫婦や恋人同士であっても同じ過ちは繰り返さない。たとえ有効なコミュニケーションの方法であったとしても、何度も同じことが繰り返されては、効果は失われていきます。

夫婦の信頼関係を復活させるためにも、まずはあなたが相手の行為にどのような感情を感じているかを素直に話し、そして現在、特に必要にしていることを率直に述べましょう。

今回のケースで気をつけておきたいことの一つが、同じことを**何回も繰り返さないということです**。「仏の顔も三度まで」ということわざがあるように、たとえ人間関係のための10のCPRを押さえていたとしても、何回も繰り返されては「前にその話は聞いた。同じことを何回も言うのはやめてくれ」と言われてしまいます。

ただ相手が何度話しても、聴く耳をもたないこともあるでしょう。相手が会話を拒み続けるのであれば、相手が話を聴いてくれないこと、そして相手を批判するつもりは一切ないことを繰り返し伝えるべきです。相手がそれでもあなたとの会話を拒むようであれば、話を聴いてもらえないこと自体に怒りを感じていること、そして「今日はもうこの話をするのはやめにする」と伝えましょう。

相手に話を聴いてもらえないようであれば、相手との間に一線を引き、終わりの見えない議論には参加しないほうがいいです。

「話すら聴いてくれない」と相手を攻撃したい感情が芽生えてくるかもしれませんが、それこそ対人関係を破滅させる一歩です。相手の状況をうかがいながら、ベストなタイミングで会話の口火を切ることを心がけましょう。

Good example1

ヒカリ：（タケシを非難したり責めたりしないと決め、冷静になって話しはじめる）
「ねぇ、ちょっといいかしら……？」

タケシ：（不審に思いながらも）
「何、突然、君から話しかけるなんて？　どうしたの」

ヒカリ：（タケシが話を聴いてくれそうな雰囲気を感じ取り）
「私たち、いつまでもこのままでいいとは思えないの。だから、一回遠慮なくお互いの意見を言い合ったほうがいいような気がして……。
結婚当初は私たち、お互いにとても幸せを感じていたはずなのに。私にとって、あなたは親切で、思いやりがある素敵な人で、仕事にも前向きで一生懸命で、会社にも期待されていて……。予想以上にすばらしい夫だったわ。みんな私に嫉妬していたのよ。素敵な旦那さんね、って。
仕事が忙しくても、時間を見つけて私に電話をしてくれたり、オフィスから抜け出して私に会いにきてくれたり……。あなたのそんな言動に触れるたび、自分は特別で、あなたから必要とされている妻だと感じることができたわ」

タケシ：（半分やけくそになりながら）

「今でもその気持ちは変わらないよ。僕が変わらなくても、君は変わってしまったようだけどね……」

ヒカリ：（驚いた表情をしながら）

「そんな冷たいこと言わないで。私だって、今でも自分は世界でも幸せな女性の一人だと信じているわ。でも、時間がたつにつれて、あなたはだんだん優しい言葉をかけてくれなくなった。夜になると、身体ばかり求められて……。それが愛情表現の一つだとは分かるけれど、でもやっぱり私は言葉での優しさを感じたいの」

タケシ：（戸惑った風に）

「僕はそんなつもりはなかったけれども。でも、確かに昔に比べると、言葉でのコミュニケーションが不足していたかもしれない。最近、仕事が忙しくてついそういうところがおろそかになってしまって……」

ヒカリ：「いいのよ、気づいてくれれば。あなたもこの機会に、何か伝えたいことがあったら遠慮なく言って。私も改善するわ」

タケシ：（少しおろおろしながら）「それじゃあ、この際だからはっきり言うよ。あんまり人前で〝洋服のセンスが悪い〟とか〝飲んだあと、大きな声で話すな〟とか言わないでほしい。確かに、短所だと思うけれど、叱咤されるたびに子ども扱いされているようで気分が悪いんだ」

ヒカリ：（思わず声を上げて）「でも、本当のことだから仕方ないでしょ？」

タケシ：（同様に興奮気味になって）「ほら、そういうところだよ。その言い方が気に障るんだ……!!」

ヒカリ：（最初に非難したり責めたりしないと決めたことを思い出し、いったんお腹から呼吸をして、自分を落ち着かせながら）
「そうだったわね、ごめんなさい。今度からあなたの間違いを指摘するときは、人がいないところで小声でするわ」

タケシ：（怒りの感情がこみあげてくる）
「そうじゃなくて、できれば僕の母親や上司のように振る舞うのではなく、妻としてサポートしてもらいたいんだ。例えば、洋服だって僕が買ってきたのに不満があるなら、代わりにプレゼントしてくれてもいいし、電車で飲んだあと大きな声で話されるのが嫌ならば、車の運転を君がしてくれたっていいんだ」

ヒカリ：（冷静になるよう努めながら）
「そうね、あなたが優しい言葉をかけてくれるよう、私もそういったサポートをするよう意識するわ。その代わり、私がそういったことをしたら『ありがとう』とか『いつも助かるよ』とか言ってくれる？　女性はそういうひと言があるのとないのとで、気持ちが大きく違ってくるのよ」

タケシ：

「分かったよ。僕も努力する。せっかく3年間夫婦として互いに支え合ってきたんだ。これからも幸せな夫婦生活を送れるよう一緒に頑張っていこう」

◆恋に陥らせる化学物質〝オキシトシン〟

２０１５年にニューヨーク・タイムズは、「あなたを恋に導く36の質問」を発表しました。これは、見知らぬ人同士がこれらの質問に答えることで恋に落ちることができるかどうかについての心理学的研究に基づいています。質問は深い会話に導き、ほとんど表に出てこない感情を明らかにします。このことによって、見知らぬ人同士が感情的に結び付けられお互いに惹かれ合うことになるのです。

このようなことが起こる一つの要因に、〝オキシトシン〟と呼ばれるホルモン物質が関係します。

例えば、あなたの配偶者が親切で愛情のこもった方法であなたに触れたとき、あなたの脳はオキシトシンを分泌します。人々はそれによって即座につながり絆を深めお互いを信頼するようになるので、オキシトシンは〝愛の薬〟として知られています。これは人類が生き残っていくのに不可欠でした。もしオキシトシンがなかったら、私たちの男の祖先は彼らのパートナーや赤ちゃんを捨ててしまったかもしれません。母と子が生存できるかどうかはこの化学物質に依存していたのです。オキシトシンはこのように非常に重要で、いつも抱かれていない幼児は、取り返しのつかない精神的な問題を引き起こしてしまうことになります。

またオキシトシンは、誰かがあなたに対して親切で寛大であったときにも分泌されます。これは相互主義の法則を活性化し、あなた自身が人に対して親切で寛大になりたいと思うからです。

このホルモン物質は100年前から知られていましたが、近年、社会的つながりのメリットについての研究がされてきています。オキシトシンによって恋に落ちるかどうかは分かりませんが、思いやりや協力、協調の気持ちを生み出してくれます。

オキシトシンは相手に触れることや言葉、親切な行為を通じて、人々を互いに接近させ、時には恋をもたらし、対立を解決してくれる強力な化学物質なのです。

Case2 夫の無駄遣いをやめさせたい妻はどのように説得するのが効果的？

ジュンコ（40）は学校の先生。夫のヨシ（43）は雑誌のライターをしている。ヨシは、毎月原稿の締め切りを守る必要があり、ストレスがたまっている。ヨシは仕事をするうえで多くのプレッシャーを感じており、そのストレス発散として仕事のあとに仲間と飲みに行くのが定番。また、ジュンコと一緒に国内の温泉に行くなど、小旅行もしょっちゅうしている。

ヨシはそれなりに稼いでいるが、稼いだ分だけ自由にお金を使ってしまう性分。しかしジュンコはお金に慎重なタイプで、ヨシがふだん着ないようなブランド物の服を買ったり、高級レストランで食事をしたり、時々「たまの贅沢だから」といって一流ホテルに宿泊したりすることに不満を覚えている。ジュンコの「またムダな物を買ってる」という言葉を耳にするたびに、ヨシはストレスを感じ「俺が稼いだ金だ。自由に使って何が悪い」と言い立てている。

夫婦は将来、移住を検討しており、そのための資金を貯めている。しかしジュンコはヨシのクレジットカードの明細書を見るたび「こんなに浪費して！　このままじゃ、老後の移住なんて無理に決まっているじゃない！　あなたは我が家の家計のことを分かっているの？」と怒りを募らせている。ヨシもそのときは反省して「確かに今月は使いすぎた。これからは気をつける」と約束するものの、また数カ月後には同じことを繰り返している。

Advice2「これは相手の問題！」と責任を押し付けないで。二人で一緒にできる解決策を講じ、ともに前進していきましょう。

この事例では、ジュンコはヨシが二人の共通の目標であるはずの〝老後の移住〟のための資金作りに協力しようとしないところに怒りを感じています。しかしそのことを感情的に責め立てても、ヨシは「俺が稼いだ金なのに」と防衛的になってしまうでしょう。

そうならないためにも、厳しい締め切りというプレッシャーに負けることなく日々仕事に励み、頑張っているヨシに対して〝尊敬の感情〟を忘れることなく話しかけましょう。

夫は常に責任感をもって仕事に励んでいます。ヨシのそのような良い面にフォーカスを当てながら思いやりをもって対話を重ねることで、彼の行動や気持ちをより深いレベルで理解できるようになるはずです。

ジュンコは自分勝手に浪費するヨシを見て「自分のためにばかりお金を使っている＝私のことを大切にしていない」と感じ、夢が叶わないかもしれないという恐れや不安、自分がないがしろにされているという悲しみなどを覚えているのでしょう。

同じような言い争いを繰り返したくないのであれば、「今後どうしていくべきか」といった解決策を講じ、二人で合意することが大切です。そして解決というゴールに到達するため、互いに努力していかなくてはなりません。

「これはあなたの問題で私は関係ない」といった責任逃れは、互いの関係性に亀裂を生じさせます。お互いのニーズを満たし合うことで人間関係は構築されていくのです。相手を無理に変えたり、自分のやり方を強いたりしようとすると、相手はプレッシャーを感じ、怒りの引き金を引くようになります。

またあなた自身が「これは相手の問題」と言うだけ言って無視を決め込んでしまったら、相手もあなた同様「自分は大切にされていない」と感じ、やる気を保てなくなるでしょう。

ともに解決策を講じ、一歩踏み出すことで、二人の絆も深まっていくはずです。

一緒にアイディアを出し合い、実現できそうな解決策を見つけたら、実行へと移していきましょう。

Good example2

ジュンコ：（ヨシの浪費をやめさせようと決意しつつも、穏やかな口調を保ちながら）

「どうしてあなたはこんなにお金を使ってしまうのかしら？」

ヨシ：（ため息をつきながら）

「分からないんだ。気づいたらカードを切ってしまっている。自分でもバカみたいと思うけど、いい服を着たり、高級なレストランで食事をしたりして自尊心を満たそうとしているところがあるのかもしれない。そうすると、周りの人が〝価値のある人間〟として扱ってくれるような気がするんだ。そして、つい良い気になって、お金を使ってしまう」

ジュンコ：（深くうなずきながら）

「そうかもしれないわね。あなたの気持ちはよく分かるわ。でも将来、仕事をリタイアしたら海外も含めて移住しようという二人で決めた夢があるじゃない。そのためには何が必要か、お互いにもう一度アイディアを出し合いましょう。そうやって二人の夢を叶えていくことが、私たちには必要だと思うわ」

ヨシ：

「……そうかもしれない。言い訳かもしれないが、俺は実家が貧しかったから、〝見くびられたくない〟〝バカにされたくない〟という気持ちが人一倍強いんだ。でも君はそんな俺のことを見捨てずに、今も、そしてこれからも一緒に歩もうとしてくれている。君がいたから俺はここまでやってこられたと心から思っている。

いつもそばにいてくれて、ありがとう」

ジュンコ：（にこやかな微笑みを浮かべながら）

「あなたと私は夫婦になったときから、運命共同体よ。あなたがそうやって態度を改めようとしてくれて、うれしい。まずはお互いにできそうなことから始めていきましょう」

Case3　恋人が元カノと浮気。もう同じことをさせないためには？

ユミコ（31）とケン（33）は付き合って3年たつ恋人同士である。二人は結婚前提で付き合っていた。しかしある日、ユミコはケンが浮気していたことを知ってしまう。あまりのことにショックを隠し切れなかったユミコはケンを呼び出し、事実を問いただした。ケンは「すでに終わったことだ」と言い、ユミコを傷つけてしまったことを再三詫びた。そのときはユミコも「分かった」と許したが、以来、今まで同様ケンを愛することができなくなってしまっていた。

「結婚したい」とあれほど願っていた彼だったが、今は「本当に彼と結婚して大丈夫？」と自問自答する日々。友人たちに相談すると「やめたほうがいい。浮気癖は結婚しても直らない」など否定的な意見を突き付けられた。

ケンに対しての不信感が消えないユミコ。しかし年齢のことなども考えると、できればケンとやり直して、幸せな結婚生活を送りたい。

いったいこれからケンとどうやって付き合っていけばいいのか。ユミコは二人の今後について考えると不安でたまらない気持ちになってくる。

Advice3　まずは最終目標を達成するために互いに何を望むのか。冷静になって話し合ってから、これからのことを考えましょう。

まず二人にとってベストな解決策は何なのかを模索していきましょう。ユミコの立場だと「浮気をするような相手とは結婚しない」と「浮気はされたけれども、ともに乗り越えてケンと結婚したい」という解決策が考えられます。前者の場合は相手に最後通牒を突き付ければいいだけの話です。しかし後者を選んだ場合、どのようにしてこの事態を乗り越えていくか、といった課題があります。

「もう浮気は絶対にしない！」と宣言したケンを信じるというのも一つの方法です。しかし一つの解決策に固執するよりも、互いに色々なアイディアを出したほうが解決の幅は広がっていきます。アイディアを次々と積み上げていくなかで、**自分が最も強く望んでいる結果は何かを見つけていきましょう。そして互いにアイディアを出し合っているときは、相手を非難したり攻撃したりしてはいけません。大事なのは相手を変えようとすることではなく、自分自身の問題と向き合うことです。**

もし現在の対立がなければ、どのような最終的なゴールを描いていたのか。互いに同意できるゴールや解決策を選ぶことで新たな一歩を踏み出すことができます。

Good example3

ケン：（ユミコに浮気のことをとがめられたあと）

「本当に悪かった!!　もう同じことは二度としない!!　頼む！　許してくれ！　お願いだ!!」

ユミコ：（激昂しながら）

「じゃあ、何でそんなことをしたの!?　あなたは私を裏切ったのよ!!」

ケン：（消え入りそうな声で）

「本当に悪かった……ごめん……」

ユミコ：（悲しみながら）

「周りの友達にも〝同じことを繰り返すから、そんな人とは結婚しないほうがいい〟と言われているのよ!! 両親だってこのことを知ったら悲しむはずだわ……。あなたのことをあんなに信用していたのに……(涙がこぼれる)。本当に、あの頃の私たちに戻りたい」

ケン:
「君をこんなにも傷つけることになるなんて、あのときは思いもしなかったんだ。本当に申し訳ない。つい前の彼女からLINEが久しぶりに来たから、懐かしさもあって会いに行ってしまったんだ。まさか彼女がまた僕とやり直したいと言ってくるだなんて思いもしなくて……」

ユミコ:
「結局、あなたは言い寄られたら、私という存在がいようとも、フラフラとついていってしまうのね! もうケンのことなんて信用できない!!」

ケン:
「どうしたら、僕たちはやり直せるのかな……」

ユミコ：（努めて冷静になって、自分の理想とするゴールや自らのニーズを正直に話す）
「私だってあなたとの関係を終わらせたいわけじゃないのよ。あなたがなぜこんなことをしてしまったのか、その理由を教えてほしい。私は浮気する前から、あなたが私への興味を失ってきてしまったから、このようなことが起きたのではないかと感じているの。私自身もあなたとの関係は心地よくて大切だけれども、それと同時にマンネリも感じはじめていたような気もするわ」

ケン：
「確かに、そういったところはあったかもしれない……」

ユミコ：
「私たちは3年という長い付き合いをへて、互いに物足りなさを感じはじめていたから、こういうことが起きたのかもしれない。だから、そういった空虚さをなくすために何が必要かを結婚する前に話し合ったほうがいいと思うの」

ケン：

「そうかもしれない。僕が言えることじゃないけれども、君が許してくれるのであれば、もう一度二人でやり直すためにはどうすればいいか話し合いたい」

ユミコ：
「私だって許したわけじゃないのよ。でも両親たちも私たちの結婚には前向きだったし、悲しませたくないの。お互いやり直すためには何をすべきか。考えて、また話し合いましょう」

仕事編

Case1　高圧的な態度の上司。会社を辞められない場合どう接するのがいい？

タカト（34）はコンサルティング会社で働いている。仕事内容には満足しているが、上司のフジタ課長が高圧的で彼に会うことを考えるだけで鬱々とした気分になってしまう。フジタ課長は細かいミスでも大声でがなり立てて、「成績が低い奴はすぐ降格させる」と脅してくる。タカトも今の上司に替わってから本調子じゃなくなり、成績が下降気味だった。ストレスから体調も崩しやすくなり、妻や同僚などにも心配されている。

ある日、些細なミスをみんなの前で面罵されたことに憤りを感じたタカトは、会社を辞めようと本気で思う。

しかし妻子もいて、不景気の昨今、仕事探しは苦労するであろうことが予想される。タカトは今すぐ会社を辞めるべきか。それとも上司が退職や異動するまでの我慢だと思って割り切って働くべきか。「辞めよう」と思っては妻子の顔が頭をよぎり、また悶々と考える日々を繰り返している。

Advice1　あなたのなかに怒りなどの感情を見つけたとき、なぜそのような感情を覚えているのかを冷静に、相手を非難することなく伝えましょう。そして、相手はなぜそのようなことをするのか理解してから行動に移したほうが、お互いに相手を受け入れやすくなるでしょう。

このようなケースの場合、上司の真意を知ることなく会社を辞めるのは容易なことです。しかしそれでは、タカトは「困難な状況からは逃げるしかない」ということしか学べません。〝逃げるが勝ち〟ということもありますが、もう一歩踏み込んでみることで、**チャンスをものにする自信や、上司に吸い取られてしまったパワーを取り戻すことができるかもしれません。**

実際に相手が何を感じていて、どのような状況がその人に影響を与えていたかを聞くことによって、相手に対する印象や見方が変わることがあります。その結果、あなたの行動も変わるかもしれません。

Good example1

タカト：

「お手を煩わせて恐縮ですが、少しお時間をちょうだいしてよろしいでしょうか」

フジタ課長：

「何なんだ、お前。さっさと終わらせろよ！」

タカト：（緊張で手のひらが汗ばんでくるのを感じながら）
「お忙しいなか、お時間を割いていただきありがとうございます。課長の気分を害するつもりはないのですが、どうしても伝えたいことがありまして……。私は以前はそうでもなかったのですが、最近、胃がキリキリと痛むようになりまして……。妻にも体調を心配されるようになり、会社を辞めることも考えています」

フジタ課長：
「最近の奴はだらしないなっ！　そんなの仕事をしていたら当たり前だ!!　そんな体たらくじゃ、どこでもやっていけないぞっ!!」

タカト：（うつむきながら）
「そうかもしれませんが、私は以前はそんなことはなかったのです。今の仕事にも満足しており、やりがいも感じています」

フジタ課長：（鼻を鳴らして）

「じゃあなんだ、俺が悪いとでも言いたいのか？」

タカト：（足ががくがくと震えるのを感じながら）

「そうではありませんが、私は声を荒げられてしまうと、期待に沿えていないのではないかと思い、萎縮してしまうのです。可能であれば、もう少し穏やかな声で話していただくことはできないでしょうか……？」

フジタ課長：（しばらく黙りこんだあと）

「それは申し訳なかった、すまない。お前の気持ちは分かった。しかしお前には分からないかもしれないが、俺は毎月の部課長会議で、必ず今月の成績について聞かれる。そこで目標未達だった場合は、なぜ達成できなかったのか根掘り葉掘り聞かれた挙句、こてんぱんに叩かれる。そのストレスやプレッシャーはお前の想像以上だ（長々と自らの思いについて語り続ける）」

タカト：

「フジタ課長の思いは理解しました。毎月、僕たちの想像を絶するプレッシャーやストレスにさいなまれているのだと思います。

でもそのプレッシャーやストレスから解放されるには、僕たちがもっと自らの能力を発揮できるようにしなくてはなりません。

不躾なお願いで大変恐縮ですが、できれば声のボリュームをもう少し下げてもらえませんか。課長の怒り声が少なくなれば、もっとみんなイキイキと働けるようになると思います」

Case2　仲の悪い同僚とコミュニケーションを取るにはどうすればいい？

サトウ（28）とシバタ（31）は同じ会社に勤める同僚であるが犬猿の仲。シバタは成績優秀なエリートだが、口が悪い。サトウは温和な性格であるが、突出した成績を上げることができていなかった。互いに「あいつは成績は良いが、協調性がない」「あんな大した成績を上げられない奴は役立たずだ」などと陰で悪口を言い合い、口を利くことはほとんどない。

数カ月前、彼らの上司が倒れてしまい、急遽二人が新しい上司のサポートを力を合わせて行わざるをえなくなった。互いの悪口ばかり言い合っていた二人だが、新しい上司をサポートするためにも状態を改善する必要があると感じていた。

Advice2　相手のことをさらに深く理解するよう努めましょう。一度でも「自分の話を聴いてくれている」と感じてもらえれば（態度の変化などによって見分けられます）、相手もあなたの感情やニーズを受け入れやすくなるでしょう。

相手が対立に対して何を必要としているのかをたずねてみましょう。それはあなたが提供できる、もしくは提供できないものかもしれません。叶えられるものであれば、できる限り提供します。しかしあなたが叶えてあげられない望みだったとき、「あなたのために叶えてあげます」などと妥協してはいけません。「○○ができなかったのは××のせいだ」といった言い訳も厳禁です。そのときは、**ただ相手の話に耳を傾け、「あなたはそれを欲していたのですね」と認めてあげましょう。**

人間関係は互いのニーズの実現のうえに築かれます。話を聞き合うことさえ拒んでしまったら、良好な人間関係をつくり上げることは永久にできません。

この場合、〝新しい上司をサポートする〟という最終目標を達成するため、お互い何を欲しているのかを問い合ってみる必要があります。そして両者のニーズや懸念事項に基づいて解決策を見出していきましょう。アイディアによっては片方だけに有利なものもあるかもしれません。お互いのニーズや懸念事項を念頭に置いたうえで、どの解決策が最も公平かを見ていきます。

解決策が思いつかなくなったら、いったん休憩を取るかまたは別の機会を設定して、お互い新たなアイディアを持ち寄っていきましょう。

Good example2

シバタ：

「話ってなんだい？」

サトウ：

「忙しいなか、時間を割いてくださり、ありがとうございます。わざわざ来てくださったことに感謝です。私は新しい上司のサポートをするうえで、一度二人でしっかり話し合い、関係を見直したほうがいいと感じています。だから今日は思っていることを、全部話してほしいです。

まず率直に聞きますが、なんであんなにも私のことを邪険にするんですか？」

シバタ：「お前が裏で俺の悪口を言っていたからだよ。それに俺のほうが先輩なのに、俺の言うこと聞かねぇし」

サトウ：（自らの非を認めながら）「それについては悪かったと思います。シバタさんの言うことばかりハイ、ハイ聞いているだけじゃ、自分の力で仕事をした気になれなくて。何としても自らのアイディアで成功させたいと思い、あのときは反抗的な態度を取ってしまいました」

シバタ：「そう最初から認めればいいんだよ。お前が暴走したせいで、あのプロジェクトは失敗したんだ」

サトウ：（感情的にならないよう抑えながら）

「お言葉ですが、私は失敗したとは思っていません。遠回りだったかもしれませんが、あれは目標達成のために必要なプロセスだったと感じています。

シバタさんのそういう決め付けるような物の言い方や大げさな表現が私は問題だと感じています。シバタさんは常に自分が正しいと思っているようですが、周りが必ずしもそう思っているわけではありません」

シバタ：

「お前はそう言って〝みんなはそう言う〟とか〝周囲はそう思ってる〟だの、俺のことをのけ者にしようとする。俺は俺のやり方でこれまで成功し続けてきたんだ。何でお前らの言うことをいちいち聞かなきゃならないんだ！」

サトウ：（握りこぶしをゆるめて、歯を食いしばるのをやめ、目元を穏やかにしながら）

「私がシバタさんをのけ者にしようとしているように感じていたなら、詫びます。申し訳ありませんでした。

私はシバタさんをのけ者になんかしようとしていません。実際、今日の話し合いの場は、シバタさんと協力していくためにはどうすればいいかと思って設けました」

シバタ：（相手の様子を感じ取りながら）

「……そうだったな。お前の言いたいことはだいたい分かった。

俺をのけ者にして、お前らだけで飲みに行って俺の悪口を言い合っている様子を見て、俺は『お前らなんかには、ぜってぇ負けねぇ！』って誓ったんだよ」

サトウ：（静かにうなずき、時々相づちを打ちながら）

「シバタさんは、どうすれば現在の関係を見直すことができると思いますか？　できれば、ここではっきりさせておきたいです」

シバタ：

「……そうだな。俺は仕事のやり方について口を挟まれるのが大嫌いなんだ。俺がこうする、と決めたことに対しては、口出ししてほしくない。ただ聴いてくれれば十分だ」

サトウ：（静かにうなずく）

シバタ：（聴いてもらえると感じたのか、態度を少し和らげて）

「それに情報を共有してほしい。俺だって、些細なことでも、みんな知っていて、俺だけ知らなかったら傷つくさ」

サトウ：（シバタのほうに向けて前かがみになりながら）

「シバタさんのことが、今までより分かったような気がします。では新しい上司をサポートしていくため、今後はどんな小さな事柄でもできるだけ情報共有していきましょう。例えば週に1回必ず進捗状況の報告をメールで行い、月末には新しい上司も含めてみんなで飲みに行くのはどうですか？　席もくじ引きで決めて、みんなが平等に話せるようにしましょう」

シバタ：

「……分かった。新しい上司のためにも、それで1回やってみよう」

Case3 会社の将来が見えない状態。現状を社員に伝えるにはどうすればいい？

ヤマモトは大学卒業後、社会人3年目にIT企業をニシダとナカノとともに創業した。当初は順調だったものの、会社は5年目を迎えて、ピンチに直面していた。というのも、コンピューターのOSが旧式だったため、当初のシェア20%から昨年度は14%にまで落ち込んでしまったのだ。

会社は顧客の需要に追いつけず、その結果、競争相手の企業がより多くの仕事を受注している。

ヤマモトは、会社が再度競争に打ち勝てるような新システムを探しているが、先は見えない。

ニシダとナカノも、数週間にわたり、長時間働いてくれていたが、現状に疲弊しきっている。会社の現状は悪化する一方で、主要投資家も距離を置くようになっており、金策にも悪戦苦闘していた。このままいけば、倒産してしまうかもしれない。仲間のニシダやナカノにどこまで現状について打ち明けていいのか。ヤマモトは悩み続けている。

Advice3　問題が生じたときは、適切な人になるべく速やかにあなたの感情について打ち明けましょう。心の奥底にためておいた時間が長くなるほど、相手に対して負の感情が芽生えやすくなってきます。

何か問題が生じたら、適切な人に速やかに話すことをおすすめします。すぐ話すのがベストですが、なかにはすぐに行動に踏み出せないこともあるでしょう。そのような場合は、決心がついたらできるだけ早くその人たちに連絡を取るようにしましょう。

自分がどのように感じているかをずっと言わなかったら、**あなたは相手に対して受け身的なまたは攻撃的な振る舞いをするようになる可能性が高いです。**あなたは否定的な考えにふけり、相手の悪口を言ったり、冷たい態度を取ることによって相手を懲らしめたり、また相手が傷つくようなジョークをつぶやいて相手に一撃をくらわせたりするようになりやすくなるのです。

自分の話をするときは、意図を明確にしましょう。あなたは自分の感情を表現し、相手との境界線を引くために話すのです。

たとえ悪いことであっても、人は自らの弱みを示すことで、本当の人間らしさを見せることにつながります。あなたの怒りの奥にある、より深い真実を見せることが、さらなる親密な人間関係へのスタート地点になるのです。**こうした経験は亀裂を生み出すことなく、人々をより近づけさせる可能性すら秘めています。**

また自らの気持ちを共有するとき、自分だけが被害者のように振る舞わないことが大事です。常に自らの感情を認め、「これは私の問題である。そのような事態が起きたとしても、それを認めようと努力している」と相手に伝えましょう。

もしあなたの問題であると素直に認めなければ、相手は「あなたが悪者である」という非難として受け取るかもしれません。

長く続く怒りがあるのであれば、その奥底にある悲しみや恐れなどの感情が、言葉にされないままになっている可能性が大きいです。また相手が防衛的になったり、言い訳を始めたりしたために「自分の話を聴いてもらえなかった」と感じることもあると思います。もしそのようなことを感じたなら、聴いてもらえなかったと感じたことを素直に相手に伝えましょう。それでも相手が耳を貸そうとしなかった場合、「私は伝えるべきことは伝えた。しかし聴いてもらえたような気がしないので、話はここで終わりにします」と穏やかに言って、さりげなく会話を終わらせます。

時には、相手は攻撃されたように感じて、どのようなアプローチをしても敵対心を示すかもしれません。そのときは「私はあなたを攻撃したり非難したりするつもりはない。あなたの意見を聴いて、自分の感じたことを言っただけ。私はあなたに聴いてもらって、分かってもらいたいだけ」と言いましょう。相手がまだ攻撃的であっても、言い返してはなりません。再び敬意を表しながら、自分が聴いてもらえない気がしたこと、そのためこの会話は終わりにすることを、この論争にもう関わらないことを心に留めておきながら伝えましょう。そして相手には「また別の機会にこのことについて話し合いましょう」と告げます。そしてその場を離れるか、電話を切ってください。**生産的なものを何も生み出さないであろう口論や論争に巻き込まれてはなりません。**

Good example3

ヤマモト：

「みんな知っているように、会社は昨年の売上の低迷で大打撃を受けている。何かいい方策はないだろうか？　実はすでに会社は主要な投資家を失い、ほかの会社も引きかけている。すぐにでも利益を出さなければ、会社は倒産してしまうかもしれないんだ」

ナカノ：（驚いた様子で）
「そんなに悪い状況なんですか……!! このままでは、全員失業してしまうじゃないですか……!!」

ニシダ：
「どうしてそんな大切なことを、もっと前に言ってくれなかったんですか？」

ヤマモト：（いったん呼吸を落ち着かせながら）
「申し訳ない。僕は恐れていたんだ。こんなことを言ったら、みんな会社が大丈夫か不安になって、どこかほかに転職しようと考えはじめるのではないかと」

ニシダ：（素直に話してくれたヤマモトに対して）
「確かに、そうなってしまう可能性もありますね。そのようなリスクを冒したうえで、大切な情報を開示してくださりありがとうございます。社長にとって重大な決断だったと思います。私は最後まで社長についていく所存です」

ナカノ：（少し感情的になりながら）
「……私もです。でももう少し早く言ってくれたら、とも思います。そしたら、違うアプローチもあったかもしれないのに……」

ヤマモト：
「ナカノの言う通りだ。もっと早くにこのことについて伝えていればよかった。申し訳ない。ニシダ、ナカノ、君たちの人生に関わる大きな事柄なのに冷静に受け止めてくれてありがとう。思うことがあったら何でも言ってくれ」

ナカノ：（少し困惑気味な様子で）
「繰り返しになりますが、でも私はやっぱり社長がなぜこんな大切なことを今まで話してくれなかったのか、怒りを感じています。子どもみたいに思われるかもしれませんが……」

ヤマモト：（すべて自分の問題であることを認めながら）
「そんなことないよ。ナカノの言っていることは正当だ。君たちに現状についてもっと早く伝えるべきだった。これはすべて僕の問題だ」

ニシダ：

「過ぎたことをいつまで言っても仕方がないよ。今はとにかく、会社の窮地を救うために何が必要か、3人で解決策を出し合おう」

ナカノ：

「それはそうですね。私たちも今からできる限りのことを始めていきましょう！」

家庭編

次からは私の家庭内で実際に起きた事例を通して、家族間でのコンフリクトの解消の仕方をお伝えします。その前に私の家族について紹介します。

私の両親は二人とも日本人です。父の安田庄太郎は和歌山県の田辺市出身、母の青柳敏子は東京都出身。私はアメリカ人ですが、両親のおかげで日本には親密さを感じています。私は両親に尊敬の念を覚えていますが、かつての私にとって、父は私たちの家に頻繁に入り込んできて心に苦痛を与えるよそ者でした。私の母は父の正妻ではありませんでした。私は父の愛人との間に生まれた子どもです。そのため父は家にはおらず、私は長い間、母と二人で暮らしていました。

ですから、父に関する思い出は2つしかありません。1つ目はいい思い出。私は5歳で、父とサンフランシスコ湾の海岸を歩いていました。彼の顔には父親としての誇りがあり、二人きりの時間を過ごしているときの彼の笑顔は、どんな部屋をも明るくし、私を温かく受け入れてくれました。

2つ目は悪い記憶。思い出すと身体が恐怖で震えてきます。よみがえってくるのは、ソ

第4章

恋愛・仕事・家庭内の対立の解消

著者と父親

ファの上で身体を縮めて、両手でしっかりと耳を押さえている自分。寝室で壁を強く叩きながら、母に激怒している父の声が聞こえてきます。母は助けを求めているかのような声で泣いていますが、私は何もできません。そのときの私は6歳。母を守りたかったのですが、怖くて無力でした。

私の両親は、第二次世界大戦中にそれぞれに人生での大きな苦難を経験していました。若い頃に和歌山県から米国西海岸に移住していた父は、第二次世界大戦中にカリフォルニアでの事業を失い、彼の正妻とともに日系人強制収容所に送られたとのことでした。また母は、大戦中の青春真っ盛りの頃、高校に行く代わりに飛行機工場で働いていたそうですが、1945年の東京大空襲のとき、焼夷弾爆撃によって多くのクラスメイトを失ったと話していました。終戦直前の数カ月の間に、25万人もの市民が亡くなりましたが、そのなかの生き残りの一人が私の母です。彼女は戦時中に愛した男性がいましたが、彼は戦争の末期に戦地に派遣され、間もなく亡くなったそうです。

戦後の1951年、父は和歌山県ルーツの後輩と共同でサンフランシスコにレストラン「東京すきやき（Tokyo Sukiyaki）」をオープンして成功し、人生を立て直しました。母は1958年にオートクチュールデザイナーになることを夢見てサンフランシスコに渡米して父と出会いました。母はモダンな女性だったので、伝統的な古い感覚としての男性を必要とはしていなかったようです。その後、父は、夫に不満をもつ不幸な正妻と、非常に自尊心の強い愛人（私の母）のそれぞれにどのように接していくかという、ある意味でよくある葛藤に悩まされることになりました

母はシングルマザーであったがゆえに、明らかな人種差別を受け、父との時間がもっと必要と思っても多くの障害に直面しました。彼女は常にストレスを感じ、人生の課題に〝建前〟と〝我慢〟で対処しようとしていました。

母は帰宅すると、それらのフラストレーションを私にぶつけました。その結果、私は8

歳のときからうつ病を発症。幼い私は、母にとって自分は重荷であり、母の不幸の原因だと思い込んでいました。絶望感が私をおおい、希望のない罪の意識が心を押しつぶしました。

私はこのような経験から、まず父は悪い人間だとずっと思い込んでいました。母を苦しませる張本人。そして、私が11歳のとき母は私に父の死を告げました。

数十年後、そんな父について知ることが、私をうつ病から立ち直らせる契機となりました。

私は、母も父もそれぞれの問題を一人で解決しなくてはならない、と思っていたのだと感じています。一人で生きていくことは難しいですが、パートナーとの間で感じる孤独はもっと悲しいです。深い絆をもって気持ちのうえでも支え合っていけるパートナーなしでは、人生は重荷を背負って一人で歩くだけのように感じてしまいます。

それでは、そんな私の家族や私自身が直面したコンフリクト（葛藤、諍《いさか》い）の事例を紹介します。

Case1　母と私の関係――自分の思いや考えを話してくれなかった母との確執

私は35歳になっても自分のことが嫌いでした。未熟で危なっかしく、大人のふりをしている子どものような人間でした。今、自分を変えなければ、私は両親のようにずっと不幸であり続けるだろうと気づきました。

私が母についての見方を変えたのは、母が戦時中に失った恋人の話をしてくれたときでした。

私が子どもから大人になる間、母は自分の問題を決して私と分かち合ってくれませんでした。しかし、母にストレスがたまっているのは明白でした。

私は、母と母の怒りを避けるように努めていました。母は、料理・掃除・洗濯・買い物などすべての家事を自分でこなしていました。私は、そんな母を手伝うことはありませんでした。母は何もしない私に腹を立てていたと思いますが、それでも決して「助けてほしい」とは言いませんでした。私に料理・掃除・洗濯などを教えることもありません。私は鬱々とした子どもだったので、「助けてほしい」という母の心の叫びに気づくこともなく、自分の世界に閉じこもっていました。

母が、例えば「ショウ、ちょっと家事を手伝ってくれない？　お洗濯の仕方を教えてあげるから。ママをもっと助けてほしいの」などと言ってくれていれば、少しは状況も変わっていたかもしれません。しかし母はそのようなことは決して言いませんでした。

そして、仕事のこと、父のこと、そして自分自身の人生について怒り続けていました。

Advice1　母が心を開いてくれた瞬間、私と母の間にあった重苦しい空気が軽くなっていきました。

私が母への見方を変えたのは、ある日の夕食時でした。夜のニュース番組が「今日が広島に原爆が落とされた50周年記念日である」と報道していたのです。

私は「これは母について理解するいい機会だ」と思い、「第二次世界大戦中、お母さんは東京でどのような暮らしをしていたの？」とたずねました。そして、既述の通り、母が戦時下で恋をして、大切な人を失っていた事実を知りました。

「恋をしたことがあったか」と母にたずねることは大変勇気のいることでした。しかし母が「あった」と答えてくれたときは驚きながらも、興奮を隠せませんでした。

さらに「そのことについて詳しく教えてほしい」と伝えたところ、母は相手の男性が父ではなかったこと、18歳の少年であったことなどを明るい表情で話してくれました。

このとき私は、初めて母と自分がつながっていることを感じました。私たちの間に漂っていた重苦しさが、突如軽くなったのです。

私のなかで彼女は以前の〝表面的な母〟ではなく、〝人間らしい（血の通った）存在〟になりました。同時に私はなぜ母が心を閉ざし、要求がましく、非情でさえあったのかを理解しはじめたのです。若い頃の経験のために、多くの年月を耐え抜いた彼女の痛みが垣間見えたようでした。そしてそれらの出来事が間接的に私へのしつけ方を形作っていたことが分かりました。

母は私が人生の困難に耐えられるよう、私を強くしようとしていました。しかし母が私を溺愛《できあい》せず、優秀になるよう迫ったことは、結果的に私をくじけさせるだけでした。

私は彼女が心を開いたその数分間で、彼女に対する思いやりが芽生えてくるのを感じました。

母は若い時代にとてつもなく大きな喪失に苦しんだ人でした。感情的に傷つき、自分を守るため頑なな人になってしまったのです。

彼女は自分ができる最善の方法、つまり彼女だけが知っている方法で私を育てたという

ことが分かりました。

Good example 1

ショウ：
「第二次世界大戦中、お母さんは東京でどのような暮らしをしていたの？」

母：
「東京はアメリカ軍の焼夷《しょうい》弾爆撃によって、一面焼け野原になってしまったのよ。数カ月の間に25万近くもの人が亡くなり、私も大勢のクラスメイトを失ったわ」

ショウ：(勇気を振り絞って、母に心を開いてもらおうと思いながら)
「……大変な時代だったんだね。そのとき、お母さんは高校生だったんだよね？ 好きな人とかいなかったの……？」

母：
「……いたよ。お父さんではなかったけれどもね。でも、その人は戦争のなか兵役に召集され亡くなってしまった。まだ18歳だったのに……」

ショウ：（母の本当の想いに触れ、心が震えるのを感じながら）

「悲しい出来事があったんだね。そして、お母さんが僕に厳しく接するのは、そのような時代がまた来たとしても、どんな困難にも打ち勝てる人になってほしい、と願っていたからなんだね」

Case2　父と私の関係——母と結婚しなかった父との思い出

父との思い出はすでに書いた通り2つだけ。まだ小さな私にとって父とは家に頻繁に入り込んでくるものの、決して幸せばかりを運んでくれる存在ではありませんでした。

そんな父との思い出を、私は長い間、自分の心の奥深くに埋めていました。

「父の人生についてもっと詳しく知りたい」

私は自分自身のことを理解するためにも、父のことについてより深く知る必要があると感じていました。

そして、父のことを知っていた多くの人と話してみました。しかし、父のことを本当に知っている人は誰もいませんでした。父が何に夢中だったのか。父の不満、悔い、人生で学んだこと。人生のどのような経験が彼の人となりを形作ったか、などについて誰も私に話すことはできませんでした。悲しいことに、人は父のことを表面的にしか知らなかったようで、「酒が好きでいい人だった」としか言ってくれませんでした。

あまりにも少ない情報にがっかりしました。父は、依然として遠い見知らぬ人のように感じられました。父のことを本当に知っているはずの唯一の人は母でしたが、母は父のことを決して話してくれませんでした。

情報集めを続けていくと、かつて父のもとで働いていた人たちから「お父さんにはサンフランシスコの大学（あるいは美術スクール）の費用を払ってもらった」などという話が耳に入るようになりました。また父は、母をパリのファッションデザインスクールに通わせてもいたそうです。サンフランシスコのどの日本食レストランを訪れても、そこのオーナーたちに「アメリカに来たばかりの頃、お父さんには色々助けてもらった」と言われました。

私が一番好きなのは、父が1957年、東京に行き、当時30代だった父の後輩にあたる仕事のパートナー（「Tokyo Sukiyaki」の共同経営者）の結婚相手を見つけたという話です。父は、そのときある人の仲介でミスジャパンだった女性に連絡をとり、「サンフランシスコに若い男性がいて、あなたにぜひとも紹介したい」と話をしました。そして、この仕事のパートナーとミスジャパンは、間もなく結婚したのです。父の何と大胆なことよ！

この元ミスジャパンが、私が聞きたかった最も重要なことを少し話してくれました。父にとって私は〝我が人生の愛〟そのもので、毎日でも私を訪ねたかったようです。それなのに、母が父に相談もせず、突然、私を連れて東京に移住してしまいました。父はショックで苦しみ、今まで以上に大量のお酒を飲むようになったそうです。結局、父は失意から立ち直れず、その10カ月後に亡くなりました。

私はそのことについて聴いたとき、自分の人生からシャットアウトしていた父を、真正面から見据え、心を開きました。そして、心の奥深くに父との思い出を埋めていたことに、何年間も罪悪感を抱くようになりました。父の人生をもう少しよく見てみると、彼は決して悪い人間ではありませんでした。人間なら誰もがもっている複雑さをもっていただけなのです。

父は親切で寛大で愛に満ちた人であったと同時に、数十年も続いていた抑圧された感情的な痛み、不満、そして苦しみを健康的な方法で解き放つことができずにいた人間でした。

私がソファの後ろに隠れていたあの日、父はすべての感情を抑えきれず、痛みをそのまま爆発させていたのです。

Advice2　父の真実の姿が見えたとき、彼の私に対する愛や信頼が私のなかに根付いていることが感じられました。

私が父の本当の姿に触れることができたのは、父が亡くなったあとです。私の両親は日本人ですが、特に日本人には、人々の平穏な一体感や調和を乱すことによって、そこにあった親密さを失うことへの危惧から、個人的な意見、見解や感情（本音）を表に出すべきではないという文化的信念があるように思えます。しかしそのせいで、人々は、孤独感、失望感、人間関係の衝突などを経験するのではないでしょうか。

人は表面的にあなたを知っているだけで、あなたが実際にはどのような人なのか、何を必要としているかを本当は理解していません。

両親は私にとってプライドとインスピレーションの源です。私は両親の本音や感情について知ることで、深くつながりあい、また自分自身の心の声を取り戻しました。

同じように本書の読者のなかにも、「家族ともっと分かりあいたい」と願っている人がいるのではないでしょうか。

私たちが自分自身の本当の気持ちや感情、考え方、物の見方などの真実を話すのには勇気が必要です。私の両親のように話してくれない人もいるでしょう。しかし、その声に耳を傾け、また自らの声を発することで、私たちは失われたパワーやエネルギーを取り戻すことができるのです。

〝心の声〟は唯一の力です。本当に必要なのは、お金でも、地位でも、知識でもありません。

私は子どもの頃に母に自分自身の心の声を奪われました。

しかし、私は話すことによって、30代のときに自分自身の心の声を取り戻すことができました。自分の声が強くなるにつれて、自信も強くなりました。

今は、自分が低エネルギー状態になって「人を避けたい」と思うとき、逆に自分の本音をその人に言わなければならないと思います。そうすることで、私の身体は生き返るのです。

Good example2

ショウ：

「私の父は、どのような人でしたか？」

父の知人Ａ：
「あなたのお父さんは大学や美術スクールに通わせるために、色々な人の学費を支払ってあげていたんだ。彼に感謝している人は多いはずだよ」

父の知人Ｂ：
「あなたのお母さんも確か、パリのファッションデザインスクールに行くための費用を援助してもらっているはずよ」

父の仕事のパートナー：
「私はあなたのお父さんに結婚相手を紹介してもらったんだよ。それが今の私の妻だよ」

元ミスジャパン：
「あなたのお父さんにとってあなたは〝我が人生の愛〟そのもので、本当は毎日でもあなたに会いたかったはずよ。でもお母さんがある日突然、あなたを連れて勝手に東京に移住してしまってね。それが本当にショックだったみたいで、以前より大量のお酒を飲むようになってしまって……。おそらくそれが原因で亡くなってしまったのだわ」

ショウ：

「そうだったのですね……。私はずっと父との思い出にふたをして、目を向けないようにしていました。でもあなたたちの話をうかがって、父の本当の姿が垣間見えたような気がします。父のことを知れたことで、私は自分自身についてもより深く理解できるようになったと思います。またお話を聞かせてください。ありがとうございました！」

Case3　私自身と私の関係――うつだった私が自分自身を取り戻せたとき

私は〝心の声〟を取り戻すことで変わることができました。Case1で、私が35歳だったときの母とのエピソードを紹介しましたが、私が〝心の声〟を取り戻すことで変わることができたのは、それ以後のことです。

私は彼女の知られざる過去を知り、母の「強く育ってもらいたい」という思いのもと、自分が育てられたことが分かりました。

母は息子の感情的な苦悩に対して思いやりを示してくれ、大人になって私は母への本当の愛情を感じることができました。

当時、私は婚約破棄を経験していました。私はこのトラウマ的な出来事に傷つき、そこから「なぜ自分は感情表現ができない女性に惹き付けられてしまうのだろうか」という疑問を抱きました。その原因を突き止めるため、私にとって最初の〝女性〟である母についてもっと知ろうと決心していたのです。

私は母を受け入れるため、今までやったことがありませんでしたが、母を抱きしめるか、せめて「愛してる」と言おうと考えていました。

そして私は戦時下での母の悲しい出来事を知った帰り、ドアのところで母のほうを振り返り「戦争で亡くなった人が僕のお父さんだったかもしれないね」と言いました。「そうね、彼はとてもハンサムでいい人だったわ」と母は答えました。

その瞬間、感情を抑えきれず泣き崩れた私は、強く母を抱きしめました。

私が落ち着いて一歩下がったあと、母が右手を私の顔のほうに近づけました。私はてっきり愛情深くなでてくれるのだと思いましたが、母は私の頬を優しく何回か叩いて「ショウ、あなたは強くならなくてはいけないわ」と言いました。

私は「あなたのおかげで強いよ」と答え、彼女に「愛している」と告げ、もう一度抱きしめました。

Advice3　母の心の奥底にある真実の感情を受け入れたとき、私の人生は大きく変わりました。

私は、その晩、車で家に戻る途中に、変わりました。それ以後、私と母との関係は、今日まで進化し続けてきました。そして私は、本当に相手を理解できれば、二人を分かつものはほとんどないということを十分に学びました。そして、**「私はなぜ感情表現ができない女性に惹き付けられてしまうのか」といった自分自身の問題について理解できたとき、部分的かもしれませんが、古傷を癒すことに成功したのです。**

私は人に本音を話すことがいかに難しいかを理解しているつもりです。私も30代まで感情を上手く表現できず、コンフリクト（葛藤、対立）を避けてきました。状況が悪化することを恐れて、自分の本音を言えなかったのです。

人は、対人関係の面で充実していて、安心・安全を感じられれば、人生のほかのエリアでもより高いレベルでパフォーマンスを発揮することができ、心と身体やスピリットの面でももっと健康になると私は信じています。
人との平和な関係を保ちながら、自分の意見・見解・感情を相手に伝えることによって、より親密で健康的な関係を築ける人が増えることを心より願っています。

Good example3

ショウ：（母の面差しを優しい瞳で見つめながら）
「戦争で亡くなった人が僕のお父さんだったかもしれないね」
母：（同じく優しいまなざしで）
「そうね、彼はとてもハンサムでいい人だったわ……」
ショウ：（ふと涙があふれ落ち、頽《くずお》れながら母を抱きしめる）
母：（私の頬を優しく何回か叩いたあと）
「ショウ、あなたは強くならなくてはいけないわ」

ショウ：
「あなたのおかげで強いよ……愛している……（母をもう一度強く抱きしめる）」

おわりに

訳者を代表して

田中美恵子

Sho Aoyagi 氏の『CPR for Relationships（人間関係のための救急蘇生法）』に初めて出会ったのは、２０１７年の秋のことであったと思います。看護倫理に関する国際学会でお知り合いになる機会を得た Anne J. Davis 先生のサンフランシスコのお宅を訪問させていただいたときのことでした。「とても良い本があるので、訳してみる気はないか」とのことで、本を頂戴しました。

Anne 先生（親しみを込めて、このように呼ばせていただいています）は、カリフォルニア大学サンフランシスコ校名誉教授であり、看護倫理学の分野で国際的にリーダーシップを発揮されてこられた高名な方で、私を含め多くの方が心から尊敬の念を抱く看護学の教育者であり研究者でもある方です。また、長野県看護大学で6年半にわたり教鞭をとられ、長野県看護大学の名誉教授の称号も受けられ、大変な親日家、知日家でもいらっしゃいます。

そのようなAnne先生に推薦された本であり、帰国するとすぐに英語で書かれたこの本を読んでみました。読んでみると、私たちの日常の人間関係のさまざまな対立を解決するための具体的な知恵に満ちあふれた素晴らしい本であると感動しました。そこで、当時同僚であった、東京女子医科大学の木村みどり先生と濱田由紀先生のお力もお借りして、翻訳を仕上げました。

その後、ぜひこの本を出版したいと思い、知り合いのつてをたどって、出版社を紹介してもらったのですが、「この原稿はアメリカ人向けの例が多すぎて、日本の読者には受け入れられづらい。介護など日本の読者が今関心を持っていることと関連づけて、日本の読者がもっと興味をもてるように加筆修正したうえでなら出版ＯＫ」との返事をいただきました。

その旨をSho氏にお伝えしたところ、「日本の読者に自分のメソッドが広まりやすくなるなら、それでかまわない」と了承をいただきました。そこで、Sho氏のご親戚でもある安田豊様を全体の企画者として、長野県看護大学の田中真木先生に介護の事例を提供いただくとともに日本の介護事情について加筆をお願いし、それらについてSho氏と検討し事例の追加や精錬を行い、さらには出版社の編集者である三村真佑美様にお願いし、日本の読者にとって読みやすい構成・文章となるよう全体をリライトしていただきました。

このように多くの方のお力添えをいただくことで、本書はなんとか出版へと漕ぎつくことができました。本書の中に書かれていますが、Sho氏は日系アメリカ人であり、Sho氏がその生い立ちから経験した苦難から本書のアイデアが生まれたと言っても過言ではありません。Anne J. Davis先生とのご縁から日米の多くの方が、偶然の糸に導かれながら、共通のビジョンを持って力を合わせ本書の完成に至ったことは、思えば非常に感慨深いことです。

日本の読者の方々が、本書を手に取られ、家庭や職場など日常のさまざまな場面での人間関係の対立を解決し、調和へと至るための糸口を本書からつかみとられることを願ってやみません。

企画者より

安田豊

本書の著者Sho Aoyagi氏（日本語名：青柳庄一氏）は、サンフランシスコ在住の日系二世です。

彼の父親（安田庄太郎氏、１９００〜１９７２）は、私の父方の祖父の弟になります。

安田庄太郎氏は、１９２０年頃に仕事を求めて和歌山県田辺市から米国に渡り、オークランドにて花園業を営んで成功していましたが、第二次世界大戦の勃発で日系人キャンプに強制収容されました。その後、1951年に和歌山県ルーツの野島昇氏と共同でサンフランシスコに「東京すきやき（Tokyo Sukiyaki）」をオープンし、これが大人気のレストランとなりました。（参考：「和歌山県人海外人材録」（東京紀州社刊）など）

Sho Aoyagi 氏（以下 Sho さん）は1960年生まれですが、母親（青柳敏子さん）は安田庄太郎氏の正妻ではなく、オートクチュールデザイナーになることを目指して1958年にサンフランシスコに渡った日本人女性でした。父親の庄太郎氏は、正妻（真子さん）との間に子供がなかったこともあって Sho さんを自分の子供として認知しようとしましたが、真子さんの許しが得られず、敏子さんとの諍《いさか》いも絶えなかったようで、このことが Sho さんの幼年時代から少年時代にかけて（彼自身と母親との関係も含めて）精神的に大きな影を落とすことになります。

父親は Sho さんが母親とともに日本に帰ってしまっていた11歳の時に失意の中で亡くなりましたが、Sho さんと母親との関係は、その後二人がサンフランシスコに戻ってからも微妙な状況が続いていたようです。

私が Sho さんの存在を初めて知ったのは1996年（当時、私はKDD勤務）で、サンフランシスコに出張して「東京すきやき」で食事をしたKDDの某社員が、Sho さんから私に宛てた手紙を預かってきたのがきっかけでした。

サンフランシスコで大成功した安田庄太郎さんは、出身地（田辺市）の親戚の間でも有名でしたが、その庄太郎さんに息子がいたことがわかり、当時、私の両親も含めて皆が驚きました。それ以降、Shoさんと私は、血のつながった親戚として親密な交流をしておりますが、このたび、色々な方のご尽力により、Shoさんが２０１２年に米国で出版した『CPR for Relationships（人間関係のための救急蘇生法）』をベースとした日本人向けの本が完成いたしました。

本書の元となった原書はhttp://fiercefirststep.com/Book.htmlにて購入することができます。本書を通じて、英語版にも興味を持たれた方は、ぜひサイトにアクセスしてみてください。

この本の中に書かれている人間関係やコミュニケーションの改善手法は、Shoさん自身が両親との関係などで経験した精神的な葛藤（コンフリクト）とその克服体験がベースになっていますので、多くの読者に共感して頂けることと確信しております。

また原書の田中美恵子先生他による日本語訳版はhttp://yutayasuda.sakura.ne.jpからアクセスできます。本書はこの原書をベースに、より日本の皆様に役に立つように、介護現場の事例などを新たに加えて加筆、編集していますが、人間関係の対立解消のための基本手法が、原書の中ではさらに詳しく説明されております。

本書の感想やお問い合わせなどは、yutaka@yutayasuda.sakura.ne.jpまでお送りください。

謝辞

Sho Aoyagi

適切な時に適切なメンバーが集まるようです。この本が日本で出版されるというのは本当でした。私は以下の方々に感謝します。

まず、私は両親のおかげで、自分のインスピレーション、内面の強さ、思いやりの心を知りました。父も母も人生の中で想像を絶する困難に耐えましたが、彼らの目的と夢はずっと生き続けてきました。

Anne Davis の、日本での指導、励まし、人脈に感謝します。私は Anne から、何かをしようと決心したらそれは達成されるということを学びました。彼女はこの本が日本で出版されるのを見届けることを使命としていました。Anne は計り知れない力を持っています。

英語の原書を日本語に翻訳してくれた田中美恵子さん、木村みどりさん、濱田由紀さんに感謝します。それぞれに忙しい生活の中で時間をさいて、原書の翻訳という大変な仕事をして下さいました。

介護者やその家族との対立について、高齢の親との関係を踏まえて色々な事例を書いてくれた田中真木さん。看護大学での教職を務めつつ、彼女自身の博士号取得に向けた研究や家族の世話をしながら、本書の監修をしていただきました。彼女が素晴らしい支援をしてくれたことは本当に幸運でした。

サンフランシスコで翻訳の仕事をしてくれた吉松ブレア真由美さんは、私が書くことを鼓舞してくれました。

三村真佑美さんは、本プロジェクトにおいて原書を出版社に紹介してくださり、編集者としての役割を努めていただきました。本書に生命／エネルギーを与えてくれたことに感謝します。

出版社のみらいパブリッシングは、私の夢を叶えてくれました。もし私の両親が生きていたら、この本の出版を見てとても幸せに感じたことでしょう。

そして最後に、父方の親戚の安田豊さんへの特別な謝辞です。日本語本の出版が絶望のように思えたときにこの本のプロジェクトを救ってくれました。彼の責任感、寛大さ、そしてたゆまぬ努力により、本書の出版が可能となりました。私は彼を知って本当によかったと思います。彼に永遠に感謝します。父も、私が安田家と再び結ばれたことをとても喜んでいるでしょう。15年前に豊さんと（サンフランシスコで）初めて会って以来、私の人生において欠けていたピースが見つかったように感じました。

【翻訳】

田中美恵子　亀田医療大学副学長・教授、東京女子医科大学名誉教授　看護学博士

早稲田大学第一文学部フランス文学科卒業。その後看護の道に進み、精神科看護師として勤務。聖路加看護大学大学院看護学研究科博士後期課程修了。聖路加看護大学、東京女子医科大学等で看護教育に携わり、2020年4月より現職。

木村みどり　元・東京女子医科大学看護学部教授　教育学博士（英語教育学）、通訳案内士（英語）

濱田由紀　東京女子医科大学看護学部教授　看護師　保健師　看護学博士

【監修】

田中真木　長野県看護大学基礎看護学分野助教、看護師　保健師　看護学修士

長野県看護大学大学院看護学研究科博士前期課程卒。聖路加国際病院看護師を経て2005年より現職。現在、聖路加国際大学大学院看護学研究科博士後期課程在学中。

【企画】

安田豊　１９７５年京都大学大学院電子工学科修士課程了、同年ＫＤＤ入社。ＫＤＤＩ技術系役員を経てＫＤＤＩ研究所会長（２０１１年）、ＫＤＤＩ財団理事長（２０１４年）などを歴任。２０１８年よりＦＭ ＴＡＮＡＢＥ会長。京都大学工学博士。

Sho Aoyagi　コーチ／作家／教育者

フロリダアトランティック大学とリン大学で思いやりをベースにした対立解決を教授。ネブラスカ州の紛争解決機関で訓練を受けた認定調停者。米国ネイバル・ウォー（海軍）大学の教授たちと、持続可能な平和をつくるというやりがいのある仕事について、すべての暴力と戦争の原因である私たち自身の心の内にあるコンフリクト（対立）を熟視しながら、ディスカッションを続けています。

URL: http://www.fiercefirststep.com/

調和《ちょうわ》の処方箋《しょほうせん》

介護《かいご》・人間関係《にんげんかんけい》の問題《もんだい》を
解決《かいけつ》するコミュニケーション

2021年4月13日　初版第1刷

著者　ショウ・アオヤギ
企画　安田豊
発行人　松崎義行
発行　みらいパブリッシング
〒166-0003 東京都杉並区高円寺南4-26-12 福丸ビル6F
TEL 03-5913-8611　FAX 03-5913-8011
https://miraipub.jp　mail：info@miraipub.jp
編集デスク　安達麻里子
編集　三村真佑美
ブックデザイン　則武弥（ペーパーバック）
発売　星雲社（共同出版社・流通責任出版社）
〒112-0005 東京都文京区水道1-3-30
TEL 03-3868-3275　FAX 03-3868-6588
印刷・製本　株式会社上野印刷所

ISBN978-4-434-28711-4 C0036